出雲神話の誕生

鳥越憲三郎

講談社学術文庫

学術文庫版の刊行にあたって

本書は、もと創元社から出版された『出雲神話の成立』を文庫化したものである。原本の発刊から四十年が経ち、その間、研究の進展とともに新たな解釈を提示してきた。本書は旧著ではあるが、当時の古代史の常識に挑戦した精一杯の到達点であり、然るべき意義のある論考であると自認している。

このたび講談社学術文庫として重刻されることとなり、新たに世に送り出す機会が与えられたことに、厚くお礼申し上げたい。

平成十八年七月

著　者

序

出雲の神話ならびに歴史についての一般の理解を、本書は大きく換えて、新しい見地からまとめてみたものである。

『古事記《こじき》』や『日本書紀《にほんしょき》』に載っている出雲神話は、それら神代巻の三分の一以上を占め、それは古代出雲国ないし出雲族の偉大さを示すものであった。その上さらに、大国主神《おおくにぬしのかみ》の国譲りの神話によって、天皇統治の以前に、出雲の主権者による国土の統治が行なわれていたものと信じられてきた。しかし、そうした出雲大国家の存在が、果たして成立するのであろうか。

出雲神話には矛盾な点があまりにも多い。本書は文献史料の克明な検討によって、それらの矛盾の中から、これまでとは異なった結論を導き出した。そしてその結果、出雲大国家の幻想によって起こった秘密を明らかにし、天皇の主権を高揚するために、神話の裏方として利用されたのに過ぎなかった出雲の悲劇の跡を、探ってゆきたいと考えているものである。

実際、記紀神話の撰修は、天皇統治による中央集権の確立、という線に沿って行なわれたものであった。そこで本書は、その主権を確立するために、一国の神話がどのように創作されてゆくかということを、素材として利用された出雲神話を通じて解明したいと思っている。と同時に、主権者の手によって、ひとたび創られた神話が、その後は絶対的なものとして、被支配者たちにどのように受け入れられてゆくかということ、つまり一つの文化現象としての神話の成立をめぐって、文化の発生が政治的・個人的であるという著者の文化論をも、また本書で明らかにしたいと考えているものである。

昭和四十一年三月

著者

目次

なお、本文中の地名については執筆当時のままとした。

加賀神埼
美保浜
嶋根郡
佐太川
夜見島
入海
黄泉ノ穴
秋鹿郡
楯縫郡
入海
国庁
意宇川
出雲郡
意宇郡
手間剗
肥河
神門の水海
神戸川
熊野山
大原郡
神門郡
三刀屋川
伯耆国
飯石郡
仁多郡
佐比売山
鳥上山
石見国
備後国

古代出雲国全図

出雲神話の誕生

第一部　出雲国造をめぐって

一　出雲族の発祥地

出雲神話は日本神話のなかで重要な地位を占めている。そのことは、『古事記』や『日本書紀』の神代巻、いわゆる記紀神話の三分の一が、出雲神話で占められていることでも明らかである。

ところが、記紀神話にみる出雲神話の内容は、出雲の人びとが伝えていた出雲神話とは、あまりにも異なるものであった。天平《てんぴょう》五年（七三三）に出雲国造《いずものくにのみやつこ》広嶋《ひろしま》が編纂責任者としてまとめた『出雲国風土記《いずものくにのふどき》』にみる出雲神話こそ、出雲びとの手になるものであるが、記紀神話の作者はどうしたことか、まったくそれを無視したかのように、それとは異質の出雲神話をつくりあげているのである。

もっとも大きな両者の差は、『出雲国風土記』の神話が、出雲国の東部、意宇《おう》川《がわ》がつくる意宇郡の平野を中心とする東部地域を舞台として、神話を展開してゆくのに対し、記紀神話は出雲国の西部、すなわち肥河《ひのかわ》（斐伊川《ひいかわ》）を中心として物語を構成している。東と西のいずれの神話が本当の出雲神話なのであろうか。

肥河を舞台として素戔嗚尊《すさのおのみこと》や大国主神《おおくにぬしのかみ》（大己貴命《おおなむちのみこと》）が活躍する出雲国の西部は、文化的・政治的には後進の地であった。古墳ひとつを例にとってみても、この地域から数少ない後期古墳をみるだけであるが、これに反して東部の地域には、前期・中期・後期の数多い古墳を見出すことができる。

出雲国を支配した出雲国造の祖先たちが、代々居住していたのも東部の意宇郡《おうのこおり》であった。そして、その意宇平野を流れる意宇川の上流には、出雲族が主神として斎《いつ》きまつった熊野大神の社もある。ところが記紀神話は、古く出雲国の最高の大神であった熊野大神については、なぜか一言も触れずに抹殺しているのである。

しかし、記紀神話の作者がどのような意図で出雲神話をつくったにせよ、出雲国の神話と歴史を述べるにあたっては、古代出雲の文化と政治の中心であった出雲の東部を、まず紹介することからはじめなければならない。

出雲びとの手によって書かれた『出雲国風土記』の記事が、まず意宇郡からはじまっているのも、この地が出雲国の発祥の地であったからである。その巻頭には、まこ

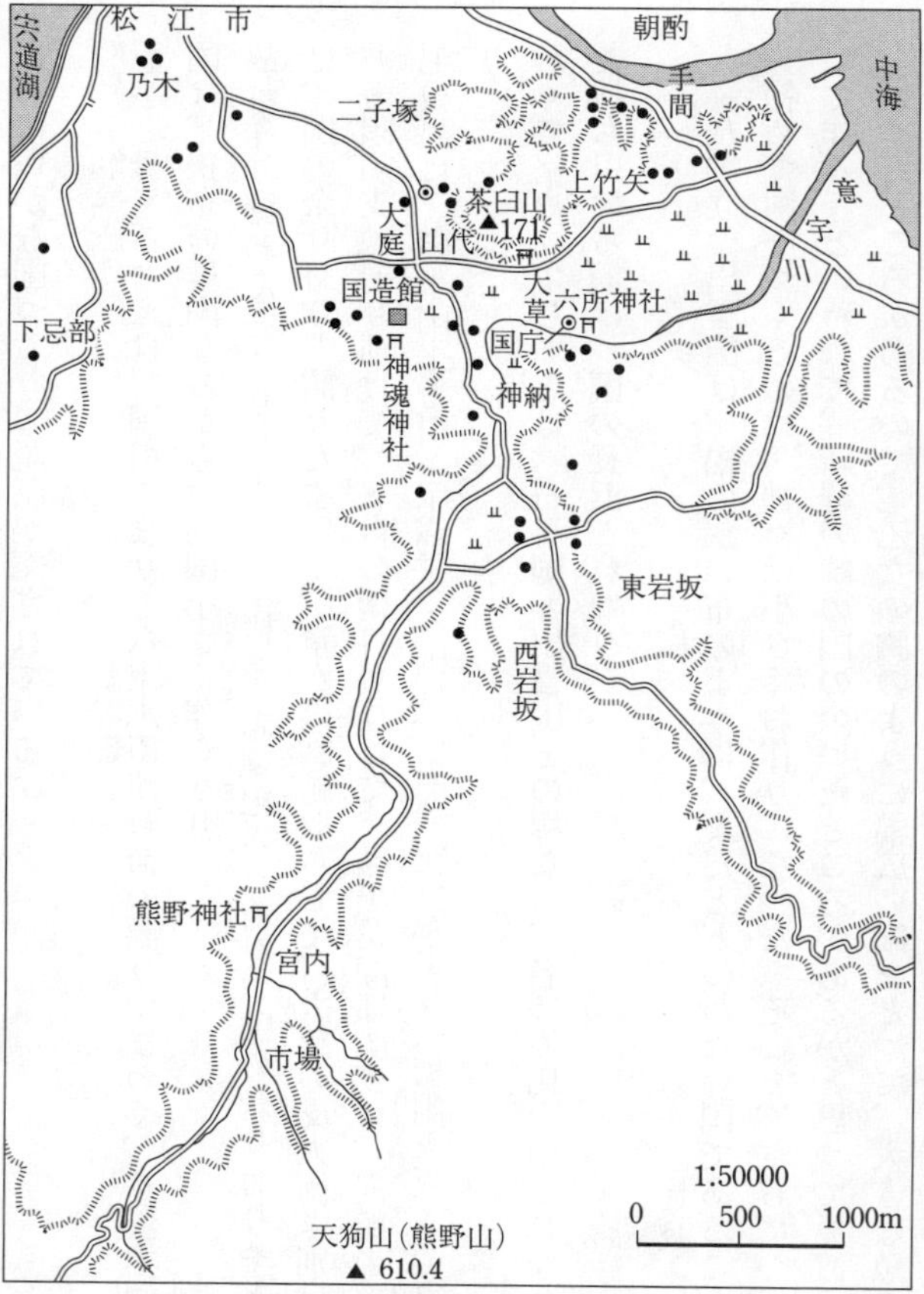

意宇川流域の古墳分布図（●古墳）
——山本清氏の調査による——

とに詩情豊かな国づくりの説話が記されている。

意宇《おう》と号《なづ》くるゆえは、国引きませる八束水臣津野命《やつかみずおみつぬのみこと》の詔《の》りたまわく、八雲立つ出雲国は、狭布《さぬの》の稚国《わかくに》なるかも。初国《はつくに》小さく作らせり。故《か》れ作り縫わんと詔《の》りたまいて、栲衾《たくぶすま》志羅紀《しらぎ》の三埼《みさき》を、国の余《あま》り有りやと見れば、国の余り有りと詔りたまいて、童女《おとめ》の胸鉏《むなすき》取らして、大魚《おおな》の支太《きだ》衝《つ》き別《わ》けて、波多須須支穂《はたすすきほ》振り別けて、三自《みつより》の綱打ち挂《か》けて、霜黒葛《しもつづらくるや》闇耶闇夜に、河船の毛曾呂《もそろ》毛曾呂に、国来《くにこ》国来と引き来縫える国は、去豆《こず》の打絶《うちたえ》より八穂爾支豆支《やほにきずき》の御埼《みさき》なり。

かくて堅め立てし加志《かし》は、石見国《いわみのくに》と出雲国との堺なる、名は佐比売山《さひめやま》これなり。また持ち引ける綱は、薗《その》の長浜これなり。

八雲立つ出雲国は、幅の狭い布のように、まだととのわない国であることよ。初めて国をつくるのに、神々は小さくお作りになった。そこで、さらにつぎ足して作ろうといわれて、新羅の崎の国の余ったところがあるかと思って見渡すと、余ったところがあるので、乙女の胸のように幅広い鍬《くわ》をとって、大きな魚の鰓《えら》を

佐比売山（三瓶山）

たち切るように切り離し、三つよりにした太い綱をかけ、霜枯れした葛《かずら》をたやすくたぐりよせるように、河船を少しずつ引き寄せるように、「国来よ、国来よ」と引いてきて縫い合わした国は、小津浜から杵築《きづき》の日御碕《ひのみさき》である。こうしてつなぎ止めて立てた杭は、石見国と出雲国との境にあたる三瓶山《さんべさん》がこれである。また、そのときに引いた綱は、薗の長浜がそれである。

右の文は前段の注解であるが、同じようにして隠岐島や能登半島から余った土地を引き寄せて、闇見国《くらみのくに》・美保埼《みほのさき》、そして綱は夜見島《よみのしま》とし、伯耆国《ほうきのくに》の火神をまつる大山《だいせん》を杭としてつなぎとめたという、美しく雄大な詩がつづられている。そしてその後に、

今は国引き訖《お》えぬと詔《の》りたまいて、意宇杜《おうのもり》に御杖衝《つ》き

立てて、意恵《おえ》と詔りたまいき。故《か》れ意宇という。〔いわゆる意宇杜は、郡家の東北の辺、田の中にある壟《こやま》これなり。囲《かこみ》八歩ばかり、その上に木ありて茂れり〕

とみえている。国引きして国づくりを終えた八束水臣津野命《やつかみずおみつぬのみこと》は意宇杜に杖を立てて鎮まりたもうたというのである。杖を立てることは、神の占有ないし鎮座を意味する。その鎮座した意宇杜は、意宇平野のほぼ中央にあった。(1)

国引きの主人公である八束水臣津野命は、『出雲国風土記』の他のところで意美豆努命《おみつぬのみこと》と記されていることでわかるように、「八束水」は美称で、豊かなる水の意、オミツヌはオミズヌシであるが、八束水との対比からみて、御水主ではなくオホミヅヌシ、すなわち「大水主」とみるべきであろう。したがって国引きの主人公である「八束水大水主命」とは、明らかに水の神である。

しかも、この水の神が一望に見渡す意宇平野の水田のほぼ中央にある小さな丘に鎮座したということは、田を守護する神として、この水の神が鎮まったことを意味する。すなわち稲田の守護者を、豊かに水を供給してくれる水の神とみていた古い出雲の信仰を、この説話のなかに見出すことができる。しかも、その稲田の守護者をもって、国土生成の国引きの主人公としたことは、豊葦原《とよあしはら》の水穂国《みずほのくに》を理想郷と夢みていた出雲族の心を、うかがい知ることができるものであろう。

古くは、春の田植えごとに、人びとはこの小さな丘のところに集まって、今年も豊かに水を供給して秋の収穫をもたらして下さいと祈ってから、各自の田植えをしたのであろう。そのころは、稲田の神なる水の神の信仰は人びとの心に生きていたのである。

ところが、注意すべきことがある。それというのは、この意宇杜には昔から社殿が建てられなかった。丘に立つ大樹がこの水の神の御神体であった。出雲族の生命の源泉ともいうべきこの神の社殿が、なぜ彼らの手によって建てられなかったのであろうか。百八十もの神社を建ててきた出雲族が、あえてこの神の社殿を建てなかったのは、一体なぜなのであろうか。

その解答のまえに、意宇川の上流に鎮座する熊野大神について述べておきたい。

『出雲国風土記』はその意宇川について、「源は郡家の正南一十八里なる熊野山より出で、北に流れ東に折れて海に入る」と記している。このように意宇川は源を熊野山に発し、その下流の意宇平野には、条里制のゆきとどいた水田が一望に見渡される。その中を意宇川が豊かな水をたたえて流れ、宍道湖《しんじこ》が中海に通じる近くで、川口となって海に入る。

その川上の熊野山については、「檜、檀《まゆみ》あり。いわゆる熊野大神の社ます」とあるが、いまの天狗《てんぐ》山《やま》のことで、標高六一〇メートル、意宇川の水源となる山である。古代の農耕にとって、生産を左右するものは水であった。意宇川流域の田畑をうるおす水の源に、水の支配者である生産の神を鎮めまつったのである。

　その天狗山の山腹には、かなり広大な平地があって、そこを旧社地と伝えているが、社記ではこれを天宮《てんぐ》平地《なり》といっている。それに接して、中世ここに寺院が建立されたが、現在は能義《のぎ》郡を流れて安来《やすぎ》市に入る飯梨川《いいなしがわ》中流の広瀬町山佐に遷っている。これに対し、熊野神社は火災にあって山麓の市場《いちば》集落に遷し、さらに少し下流の現在の宮内集落に鎮座することになった。

　こうした水源の山にまつる熊野大神は、俗に水分神《みくまりのかみ》的性格をもつもので、下流の田畑の生物《なりもの》を見守る神であった。そのため、神名にも生産の意が含まれている。『出雲国風土記』では、「伊弉奈枳乃麻奈子《いざなぎのまなご》にます熊野加武呂乃命《かむろのみこと》」とみえ、また『延喜式』にのる出雲国造神賀詞《かむよごと》では、「伊射那伎《いざなぎ》の日真名子、加夫呂伎《かぶろぎ》熊野大神櫛御《くしみ》気野命《けぬのみこと》」と呼ばれている。「伊射那伎命」の子とするのは、後世において皇祖とむすぶための修辞である。また「加武呂」は「神ろ」で、「ろ」は美称の接尾語であるが、実際には「祖神」という意で用いられている。神賀詞では「加夫呂伎」となって、男性を示す「伎」を語尾につけているが、これも後世に男神とみるようになった

意宇川の下流域

からであろう。

したがって、「伊射那伎命の愛し子である祖神の熊野大神、櫛御気野命」ということになるが、形容をのぞくと、櫛御気野命となる。そして、この「櫛《くし》」は「奇」、すなわち霊妙の意の美称であり、語尾の「野」は「ぬし」〔主〕の略である。たとえば豊雲主神を豊雲野神というのと同じである。また語幹の「御気」は「御食《みけ》」である。そこで、正しくは「奇御食主命《くしみけぬしのみこと》」というのが神名で、それは生産の神であることを示すものである。農耕部族として意宇川の下流平野に居住した出雲族が、最高の神として斎きまつった神の名こそ、彼ら部族の祈願を反映したものであった。

すなわち、意宇平野に豊かに水が供給されることを願って、意宇川の川上、その源となる熊野山に、生産の神としてまつったのである。したがって、その神は季節ごとに水の配分をつかさどり、とくに春の田植えのときには、人びとの待つ里へ降りて来て、収穫まで稲の生長を見守る必要があった。
春には山から里へ降り、収穫をすませた秋になると、里から山へ還るという田の神の信仰は古くから日本民族の抱いていたものであった。八束水大水主命こそ、春には熊野山から降りてくる田の神であったのである。すなわち、出雲族の祖神と仰ぐ熊野大神、名は奇御食主命という神の、春ごとに意宇平野の稲田の中に来臨する神であった。その神を招き迎えるところが意宇杜であったが、そこには春の田植えから秋の収穫までの間だけ鎮まって、稲田を守護するものと考えられていたので、社殿を建てる必要がなかったのである。

　大和地方でも野神さんといって、村が一望に見渡せる田の中の小高くしてある空地へ、蛇の形につくった大きな注連縄《しめなわ》を子供たちが担いで運び、そこの木の枝にかけ、そこで子供たちは持参したお櫃《ひつ》の赤飯などを食べる。蛇は水の神を表徴したもので、田植えから収穫までここにあって、稲の生育を見守ることになっている。村びとたちは、この野神さんの祭りが終わった翌日から田植えにかかる。いまでは子供たちの行事になっているが、古くは田植えの前日、各戸の早乙女たちが集まって、田の神をまつった名残りであろう。この風習はわが国の各地に広く分布してみられるが、大水主命はこれと同じ信仰にもとづいているものであった。

『出雲国風土記』の冒頭を飾り、しかも美しい詩文で国引きをする説話は、出雲族の故里であった意宇の地における祖神の活躍を物語るものであった。そこで、もし記紀神話の作者が良心的であったならば、この熊野大神をこそまず取り上げ、そこから出雲神話を展開すべきであった。だが記紀神話は、この大神の名とともに、国引きの美しい説話も抹殺した。

しかし、いずれにせよ意宇平野は、出雲族の発祥の地であり、古くは出雲のなかでもっとも大きく栄えたところであった。そして、意宇川が平野にかかる大庭《おおば》の地に、出雲国造は代々住みついてきたのである。その出雲国の主権者であった国造について、次にみてゆくことにしよう。

注

(1) 意宇杜の位置については、後藤蔵四郎氏は『出雲風土記註解』で、今の八束郡東出雲町出雲郷の阿太《あだ》加夜《かい》神社の北方としているが、この説は国庁の位置を間違っているので採らない。加藤義成氏は『出雲国風土記参究』で、松江市大草町の六所神社の西北方に国庁を認め、東方の田の中にある八幡の森という小丘をあてている。しかし「方角がどうかと思われるので、あるいは洪水等の際、移されたものか」と述べて自信がない。しかし無理に小丘を求める必要はない。国庁から近い東北方の田の中、昔の平野のやや中央のところにあったとみてよかろう。そこは今では田の中だが、その跡は消えたのであろう。

二　国造出雲臣

かつては全国で百三十ほどあったといわれる国　造《くにのみやつこ》のなかで、その系譜がいまでも続いているのは、出雲国造・紀伊国造・阿蘇国造の三家だけである。出雲国造は中世になって、相続問題から本宗の北島家に対立して千家家が分立し、そのため北島国造・千家国造の二家に分かれたが、連綿として続いて、北島家は現在の当主が七十九代、千家家の方は八十四代にあたっている。

この国造の制度が、いつごろからはじまったかについては明らかではない。文献の上では、『日本書紀』の神武《じんむ》天皇の条に、大和平定ののちの論功行賞で、珍彦《うずひこ》を倭国《やまと》造、剣根《つるぎね》を葛城《かつらぎ》国造に命じたというのが初見である。また『旧事本紀《くじほんぎ》』によると、この神武朝のときに九つの国造ができたといい、大倭《おおやまと》国造（倭国造）、葛城国造のほか、さらに凡河内《おおしこうち》国造・山城国造・伊勢国造・紀伊国造・素賀《すが》国造・宇佐《うさ》国造・津島県直《つしまのあがたのあたい》の名があげられている。もちろん、このままを認めることはできない。

くだって第十三代の成務《せいむ》天皇の御代に、『古事記』によると、「建内宿禰《たけしうちのすくね》を大臣《おおおみ》としたまい、大国《おおくに》・小国《おくに》の国造を定めたまい、また国々の堺、また大県《あがた》・小県の県主《あがたぬし》を定めたまいき」とみえる。これと同じことが『日本書紀』にも記されている。

諸国に令《のりごと》して、国郡《くに》に造長《みやつこおさ》を立て、県邑《あがたむら》に稲置《いなぎ》を置き、みなに楯矛を賜いて表《しるし》となす。すなわち山河を隔《さか》いて国・県を分かつ。

こうして、全国で百余におよぶ国造のほとんどが、この成務天皇の御代に設置されたことになっている。

しかし、国造制の成立の時期については、これまでもいろいろの見解があって、まだ意見のまとまりはみていない。大和朝廷の国家的統一と関連して設置されたものであろうが、国造のすべてが同時に画一的に設けられたというよりも、大和朝廷の支配の進展につれて、数次にわたって順次置かれたものとみてよかろう。そして、ある時期に制度化されて、その他の地方にも大量に設置されたものと思われる。それが成務朝であったのであろう。

しかし、この成務朝という御代を、史実として認める必要はない。このころの出来事をのちにこの御代に比定したかもしれないからである。ただ年代的には、五世紀のころに国造の設置はほぼ完了したという見方が、いまのところ妥当だと思う。

ところが、出雲国造はその成務朝に先立って定められたことになっている。『旧事本紀』によると、「瑞籬《みずがき》朝（崇神《すじん》天皇）。天穂日命《あめのほひのみこと》の十一世、宇迦都久怒《うかつくぬ》を国造に定めたまいき」とある。しかし、これはどうも信じがたいようである。というのは、いずれ後に詳しく考証するが、第十代の崇神天皇六十年に、出雲の主長が大和朝廷に伐たれる記事があるので、この征討によって、朝廷の任命した国造が置かれたと考えたのであろう。だが、この崇神朝における出雲征討の事件そのものが史実としては疑問なのである。

それよりも『出雲国 造世《いずものくにのみやつこせ》系譜《けいふ》』によると、第十七世の国造宮向《みやむき》臣に注記があり、「反正《はんぜい》天皇四年、国造となり、始めて出雲姓を賜う」とみえる。応神《おうじん》・仁徳《にんとく》の両朝のあと、履中《りちゅう》・反正と続くこのころに、国造の称を授かったとみるのは、案外当を得たものかと思う。

その後では、『日本書紀』の斉明《さいめい》天皇五年（六五九）の条に、「この歳、出雲国造名を欠くに命《おお》せて、厳 神之《いつくしのかみの》宮《みや》を修《つく》らしむ」とあって、出雲国造と用いているのがみえる。もちろん、このころは国造であったとみてよい。

さらに『続日本紀《しょくにほんぎ》』の霊亀《れいき》二年（七一六）二月の条に、「出雲国造外正七位上 出雲臣果安《はたやす》」というのがみえる。この出雲臣果安は第二十六世にあたり、元明《げんめい》天皇の和《わ》銅《どう》元年（七〇八）に国造となり、十四年のあいだ在職した。次に同じく神亀《じんき》元年（七二四）正月の条に、「出雲国造外従七位下　出雲臣広嶋《ひろしま》」の名がみえるが、第二十七世の広嶋は元正《げんしょう》天皇の養老《ようろう》五年（七二一）に相続し、天平五年（七三三）に編纂された『出雲国風土記』の監修責任者であった。

ところが、次に問題になることは、右の『続日本紀』にもみえる「出雲臣」という氏姓がいつごろから、またどうした由緒で用いられるようになったかということである。というのは臣《おみ》の姓《かばね》は一般に第八代の孝元《こうげん》天皇より以前の皇統の裔に授けたもので、地方の豪族であった出雲国造が臣姓を名のることには問題があるためである。

出雲国造家は久安《きゅうあん》五年（一一四九）に焼けたとき古記録をすべて失い、いまでは平安末の長寛《ちょうかん》年間からの文書しか残っていない。したがって、出雲姓の起源についての伝えとしては、さきに示した『出雲国造世系譜』の国造宮向臣の注記に、反正天皇四年に国造となり、出雲姓を賜わったという記事である。

このほかでは、弘安《こうあん》四年（一二八一）二月、出雲大社の造営に関して、出雲目代《いずものもくだい》左衛門尉《えもんのじょう》に差し出した書状に、右と同じことが記されている。「国造職は天照大神《あまてらすおおみかみ》より意宇足奴命《おうのそこぬのみこと》に至る神々相続《つ》ぎて十八代なり。第十九代宮向宿禰の時、出雲姓を賜いてより以来、義孝に至る子々相承けて廿八代なり」とある。この宮向宿禰とは、さきの

『世系譜』では第十七世の国造宮向臣のことであるが、天照大神から数えたので世代数に誤差が生じている。

第十八代の反正天皇の御代に、国造となるとともに、出雲臣の氏姓を賜わったという伝えはかなり信用してよいのではないかと思う。

次の第十九代の允恭《いんぎょう》天皇四年には、氏姓の乱れが政治の乱れの元となっていることから、それを正しくするために盟神探湯《くかだち》が行なわれた。すなわち熱湯の釜に手を入れさせて、偽る者は傷つくのをもって試したのである。そして、太田亮博士も指摘しているように、この允恭朝における氏姓の是正から後は、臣姓は孝元天皇以前の皇統の裔に授け、また連《むらじ》姓は天神の裔で、しかも中央の勢力家に限られることになった。さらに国造のほとんどは直《あたい》姓であった。

そこで、出雲国造が允恭朝からのちに氏姓を賜わったとすると、地方の豪族にすぎない国造として、当然に直姓でなければならないはずである。それにもかかわらず位の高い臣姓を名のっていることからみても、允恭朝以前にその姓の起こりがあったものとみられる。実際それ以前にあっては、姓の別にはっきりした制約があったとはみえないからでもある。

允恭朝以前は姓の選定に規制がなかったとはいっても、出雲国造が身分にしては高い臣姓を名のったのには、やはりそれ相応の事由があったためとみてよい。

そのことで考えられるものに、出雲関係で古く臣姓を賜わった土師臣《はじのおみ》がある。『日本書紀』の垂仁《すいにん》天皇七年の条に、相撲の祖といわれる力士の蹶速《くえはや》のことが記されている。この蹶速に対抗できる力士として、出雲から野見宿禰《のみのすくね》が呼び出され、勝負して蹶速を殺し、野見宿禰はそのままとどまって朝廷に仕えた。ところが、皇后の日葉酢媛《ひはすひめ》の崩御にあたり、殉死のかわりに埴輪を立てることを天皇に進言し、出雲から土部《はじべ》百人を呼びよせ、人馬や種々の埴輪を御陵に立てた。そこで三十二年の条では「天皇、厚く野見宿禰の功を賞《ほ》めたもう。また鍛地《かたしところ》を賜う。すなわち土部職《はじのつかさ》に任《ま》けたもう。よりて本の姓を改めて、土部臣という」とみえている。

このように野見宿禰は、土部臣という臣姓を賜わったが、彼は出雲国造の一族であった。そして、この時代には一族は同じ姓を名のって分家するのがならわしであった。そうしたことから考えると、天皇から野見宿禰が臣姓を賜わったことを理由として、出雲国造も国造の称を授かったときに、出雲臣という臣姓を名のるようになったものとみてよいと思う。

これに似たことが、後のことではあるが『続日本紀』にもみられる。

天武《てんむ》天皇十三年（六八五）に、皇室中心に各氏族を組織するために、それまでの姓を八色《やくさ》に改め、真人《まひと》・朝臣《あそみ》・宿禰《すくね》・忌寸《いみき》・道師《みちし》・臣・連・稲置の順位とし、かつての高い位にあった臣・連の姓が低くされた。

そして、土師臣はのちに土師連となったが、この天武朝の改姓では宿禰の姓を賜わった。さらに桓武《かんむ》天皇の延暦《えんりやく》九年（七九〇）には、その一族の女が天皇の外祖母にあたることから、その系統のものは皇室の外戚として、朝臣の姓まで賜わった。そのため土師氏の一族は、位の高い朝臣と宿禰の二系統ができた。

そこで翌延暦十年に、近衛府に勤めていた出雲臣祖人《おやひと》という者が、土師の氏人らが朝臣や宿禰の姓を賜わっているので、同祖の者である自分も同じ姓に改めてほしいと願い出た。

近衛将監《しょうげん》正六位下出雲臣祖人もうす。臣らが本系は、天穂日命より出ず。その天穂日命の十四世の孫を野見宿禰という。野見宿禰の後、土師氏の人ら、或いは宿禰となり、或いは朝臣を賜う。臣ら同じく一祖の後にして、独り均養の仁に漏れたり。伏して望むらく、彼の宿禰の族とともに、同じく姓を改むるの例に預からんと。ここにおいて姓を宿禰と賜う。

天武朝の改姓では、宿禰の三位に対して、臣は六位にまで下げられている。そこで中央の公職にあった彼としては、同祖の土師氏を証として、改姓を願い出たわけである。

このように同族が同じ姓で分かれてゆく例は、同じ出雲の地だけでみても、出雲臣から神門臣《かんどのおみ》が分かれ、さらにそれから御名代として健部臣《たけるべ》が生じたのでもわかる。それは『出雲国風土記』の出雲郡健部郷《たけるべのさと》にみえているが、そのほか出雲の蝮部臣《たじひべ》・刑部《おさかべ》臣などの御名代も、同じく出雲臣からの分かれとみられるものである。

このように出雲臣は、地方の国造でありながら、一般の国造がもつ直の姓ではなく、臣姓を名のってきた。しかし、国造と出雲臣の称を授かったのは、さきに紹介した『出雲国造世系譜』が伝えるように、反正天皇の御代からであったとみてよかろう。

しかし、この反正天皇の御代に、はじめて出雲国が大和朝廷に服属したのではない。『日本書紀』をみると、その先々代の仁徳天皇即位前紀の条に、天皇の直轄領の田である倭《やまと》の屯田《みた》および屯倉《みやけ》の屯田司《みたのつかさ》として、淤宇宿禰《おうのすくね》の名が記されている。この淤宇宿禰は、国造家の系譜では第十六世の意宇足奴命《おうのそこぬのみこと》のことである。これでみると、出雲の主長が仁徳朝にはすでに朝廷に出仕していたことがわかる。そして次の第十七世から、系譜も「国造宮向臣」と記し、このときから国造の称と臣姓を賜わったのである。

出雲国がいつごろ大和朝廷に服属したかは明らかではないが、少なくとも『日本書紀』が記す崇神天皇六十年ではなかったとみてよい。それから後の、四世紀後半から五世紀前半にかけてのことであったとみるべきであろう。

そして大和朝廷に服属後は、さきに示した史料のように、官人として朝廷へも出仕した。しかし、国司が中央から派遣されるようになった時期を契機として、国造のもつ政治的権力は、出雲の国内においても低下し、ついには国造という名称も、祭祀にのみ奉仕する名誉的称号になっていったのである。

三　郡領としての出雲臣

天皇を中心とする強力な中央官僚制を確立すべく、孝徳《こうとく》天皇は大化《たいか》二年（六四六）春正月、大化改新の 詔《みことのり》をくだした。略記すると、

その一、昔在《むかし》の天皇等の立てたまえる子代《こしろ》之民、処々の屯倉《みやけ》、及びことには臣連・伴造・国造・村首の所有《もて》る部曲《かき》之民、処々の田荘《たどころ》を罷《や》めたもう。

その二、初めて京師《みさと》を修《つく》りたもう。畿内《うちつくに》の国司《くにのつかさ》・郡司《こおりのつかさ》・関塞《せきそこ》・斥候《やかた》・防人《さきもり》・駅《はい》馬《ま》・伝馬《つたえうま》を置く。

その三、初めて戸籍《へふだ》・計帳《かずのふだ》・班田収授之法《あかちだおさめさずくるのり》を造る。凡そ五十戸を里《さと》となし、里ごとに長《おさ》一人を置く。

右の詔は畿内のことであるが、前年の八月に東国の国司に同じ新政の方針をさずけて赴任させているので、この新政は畿内にとどまらず、全国へその施政が広げられていったものであった。

ただ畿内はとくに皇族の所有する御名代・御子代の民や屯田《みた》・屯倉《みやけ》、また権勢ある中央豪族のもつ田荘と部曲《かきのたみ》が、広大な地域にわたって存していた。そこで、まずこれを天皇の主権のもとに統一把握することが計画されたのであろう。この畿内における成功によって、地方に散在する皇族や豪族の部曲と田荘をも、たやすく統制することができるからである。

こうした天皇を中心とする国家体制の整備のために、各地へ派遣されたのが国司であった。もちろん、各地に根強く残る豪族の私有部民の組織を、このときの国司の派遣によって、一拠に破壊しえたものではない。それは天武《てんむ》天皇四年（六七六）に、改めて廃止の詔が発せられたことによってもわかる。だが少なくとも、中央官僚である国司を国の長として派遣し、それまでの統治者であった国造・県主《あがたぬし》・稲置《いなぎ》の上に位置づけたことは、地方豪族のもつ権力を大きく削減せしめるものであった。

国は大・上・中・下の四等とされ、官吏としては守《かみ》・介《すけ》・大掾《だいじょう》・小掾・大目《だいさかん》・小目がおかれた。『大宝令《たいほうりょう》』によると、出雲国は上国とされ、守・介・掾・目の各一名と史生《ししょう》三名であった。

この下の郡は、郷の多少で大・上・中・下・小の五等に分け、大領《おおみやつこ》・少領《すけのみやつこ》・主政《まつりごとひと》・主帳《ふみひと》の四階級が設けられた。このうちの大領・少領は終身官であった。大化

二年の改新の詔のなかにも、

　その郡司には、みな国造の性識清廉《いさぎよ》くして、時務に堪えたる者を取りて大領・少領となせ。強幹《いさお》しく聡敏《さと》くて、書竿《てかきかずしる》に工《たくみ》なる者を、主政・主帳となせ。

とみえているように、郡領としての大領・少領には、その地の国造から選ばれる方針がとられた。しかし、ところによっては小国造、すなわち県主も用いられたはずである。

　これを天平五年（七三三）に編纂された『出雲国風土記《いずものくにのふどき》』によって、意宇《おう》郡の項を示すと次のようになる。

意宇郡（郷十一里三十三、余戸一、駅家三、神戸三里六）

国造兼大領	外正六位上勲十二等	出雲臣
少領	従七位上勲十□等	出雲臣
主政	外少初位上勲十□等	林臣
擬主政	无位	出雲臣
主帳	无位	海臣

无位　出雲臣

他の各郡の郡司については、次節に一覧して表示するが、郡の大小によって郡司の数に差があった。意宇郡は右のように上郡のため六名であるが、嶋根・出雲・神門・大原《おおはら》の各郡は中郡で大領・少領・主政・主帳の四名、秋鹿《あきか》・楯縫《たてぬい》・飯《い》石《いし》・仁《に》多《た》の各郡は下郡で大領・少領・主帳の三名である。

国司が治める国衙《こくが》は意宇郡に置かれたが、この意宇郡の一帯は古くから出雲の文化の中心でもあって、国造の居住地もここにあった。

このように国司の派遣後においては、かつて出雲国の主長であった国造も、一つの郡の郡司としての地位に落ちた。そして国司の下で、天皇官僚制の組織のなかに組み入れられたのである。したがって、これ以後にあっては、国造の称はただ名誉的な称号にすぎなくなったといえる。『延喜《えんぎ》式《しき》』巻十一の太政官に、

> およそ出雲国造、国司例によりて詮擬言上せば、すなわち太政官において補任すること、諸国の郡司を任ずる儀の如くせよ。

とあるが、官僚的段階においては、出雲国造も郡司と同じ取り扱いを受けるようになった。

ところが、この意宇郡は神郡とされたため、特別の計らいを受けた。それは一郡に同姓の郡領は一名と定められていたが、神郡のゆえにこの制限から除かれていた。さきに示した表のごとく、意宇郡では大領・少領ともに出雲臣の一族で占めている。こうした神郡は、『延喜式』巻十八の式部に、伊勢国の飯野《いいの》・度会《わたらい》・多気《たき》、安房《あわ》国の安房、下総《しもうさ》国の香取《かとり》、常陸《ひたち》国の鹿嶋、紀伊国の名草《なぐさ》、筑紫《つくし》国の宗形《むなかた》とともに、合わせて九つの郡と定められている。

およそ郡司は、一郡に同姓を併用するを得ざれ。もし他姓のなかに人の用うべき者なくば、同姓といえども同門を除くほかは任ずるを聴《ゆる》せ。神郡、陸奥の辺に縁《よ》れる郡、大隅の馭謨《ごむ》・熊毛《くまげ》の郡は、制の限にあらざれ。

意宇郡が神郡とされたのは、この郡を南北に流れる意宇川の上流に、熊野坐《くまのにます》神社があるためである。安房国には安房坐神社、下総国では香取神宮、常陸国では鹿嶋神宮、紀伊国では日前《ひのくま》神社と国懸《くにかかす》神社、筑紫国では宗像《むなかた》神社があった。そして、国造は

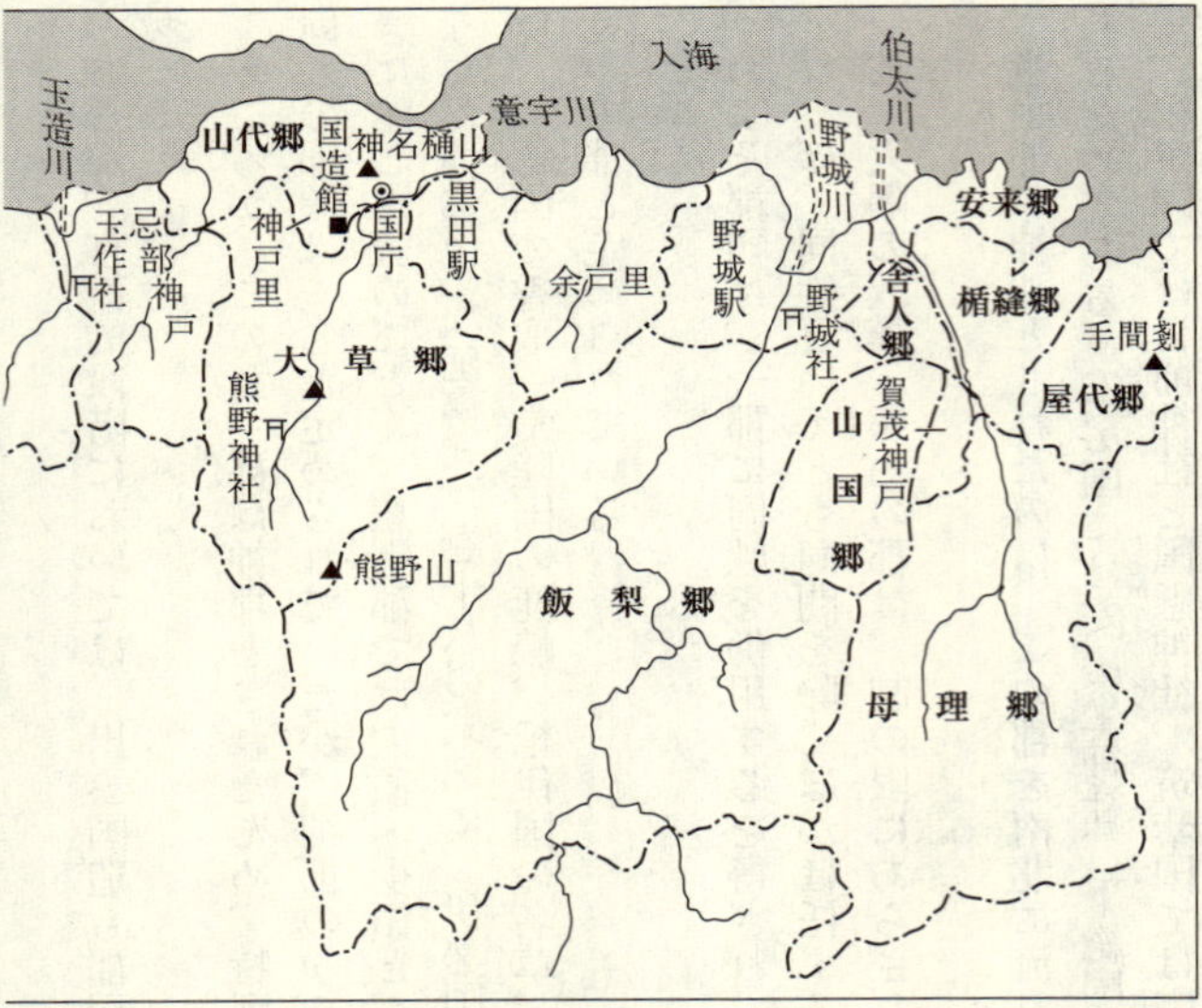

意宇郡の図

大領の職務のかたわら、神主としても奉仕する必要があったので、少領の職を同族の者で補任することを認めたのであろう。

もちろん右の神郡のことは、時代をくだった『延喜式』にみるものであるが、『続日本紀《しょくにほんぎ》』の文武《もんむ》天皇四年（七〇〇）二月の条にも、

上総国司、安房郡の大少領を父子兄弟に連任せんことを請う。これを許す。

とあって、安房郡の大領・少

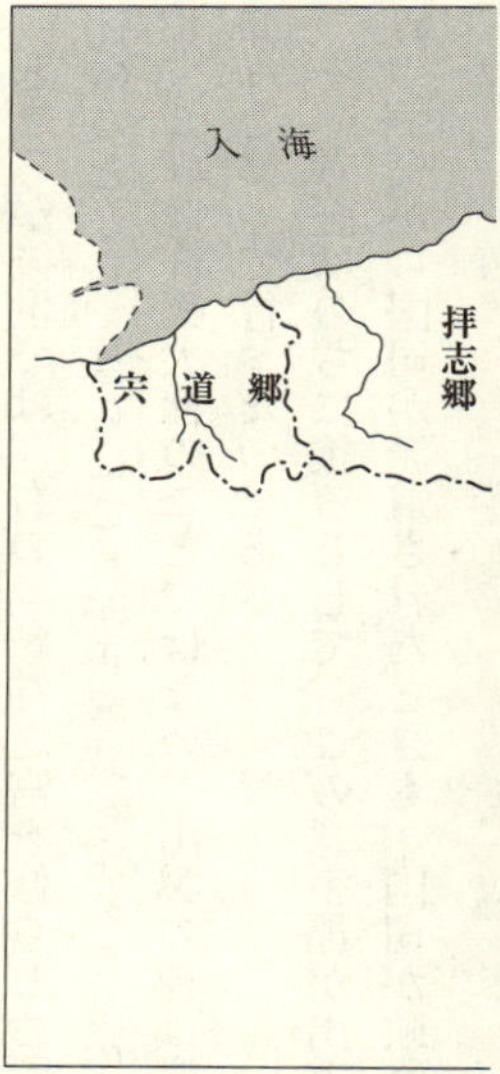

領を父子兄弟で勤めることを国司を通じて請願し、それを許されている記事がみえる。ところが、その前の二年三月の条にも、

詔。筑前国宗形、出雲国意宇の二郡司、みな三等已上の親に連任することを聴《ゆる》す。

とあり、慶雲《けいうん》元年（七〇四）には伊勢国の多気・度会二郡、さらに元正《げんしょう》天皇の養老《ようろう》七年（七二三）には下総国香取郡、常陸国鹿嶋郡、紀伊国名草郡でも認められている。したがって、出雲国意宇郡をはじめ、すべての神郡では父子兄弟でその郡の大領・少領を勤めることが許されたようである。

ただここで一言いっておきたいことは、出雲国の神郡としては、熊野神社のある意宇郡が認められていて、杵築《きづき》大社のある出雲郡は神郡でなかったということである。このことは本論の焦点の一つとなる重要な問題で、注意していただきたいと思う。少なくともこの当時までは、熊野神社が出雲国を代表する大社であったし、国造が奉仕したのもこの神社に対してであった。後世に出雲国を代表するようになった杵築大社(出雲大社)は、まだこのころは創立されていなかったのである。
実際『日本書紀』をみると、斉明《さいめい》天皇五年(六五九)に左のような記事がある。

この歳、出雲国造に命《おお》せて、厳神《いつくしのかみの》之宮《みや》を修《つく》らしむ。狐、於友《おう》郡の役丁《えよほろ》の執《と》れる葛の末《すえ》を噛断《くいき》りて去《い》ぬ。また狗、死人の手臂《たたむき》を言屋《いうや》社に噛《く》い置けり。

文中の言屋社は、『延喜式』にみえる揖夜《いや》神社、『出雲国風土記』では伊布夜社とあるもので、意宇川の川口のすぐ東の揖屋町《いやちょう》にある神社である。したがって厳神之宮とは、神郡である意宇郡の熊野神社をさすものであることが明らかである。ところが後世では、右の「厳神之宮を修らしむ」という記事を、ことさらに杵築大社のこととし、さらにこれが正殿式を定めたものとして造宮にあたってきた。しかし、これは杵築大社のことではない。出雲の神は熊野大神から、のちに大国主神《おおくにぬしのかみ》の信仰へと移って行ったのである。

その考証はのちに譲るとして、この意宇郡が出雲国の文化・政治の中心であったため、中央から国司が派遣されたときも、国司が政務をとる国庁は、意宇川が平野にかかるところ、すなわち意宇平野の西南端、いまの松江《まつえ》市大草町《おおくさちょう》の六所《ろくしょ》神社の西北方あたりに設けられた。[1] ここから国造の館は近い。そして、この国庁に意宇郡の郡家も置かれたが、国造はその意宇一郡の郡領という地位に限定されるようになったのである。

ところが、理解に苦しむ事件が国造果安《はたやす》の時代に起こった。それは国造家がこの故地を見捨てて、和銅《わどう》元年から養老五年の間（七〇八〜七二一）に、出雲郡の杵築大社のある地へ移転したことである。国造家の系譜の第二十六世の国造果安の注記に、

> 伝に云う。始祖天穂日命《あめのほひのみこと》、大庭に開斎し、ここに至って始めて杵築之地に移る云々。

とみえている。しかも、この移転の行なわれたときは、国造果安はなお意宇郡の大領であった。つぎの国造広嶋《ひろしま》が国造職を相続したのは、のちの養老五年（七二一）である。果安

熊野神社本殿

が意宇郡の大領の職にありながら、事務もとれない遠い杵築の地へ、何故に館を移したのであろうか。

国造が意宇郡の大領でありながら、杵築の地へ転居したために、その後の国造たちも大領としての公務が十分に果たせず、そのため意宇郡の大領職を解かれたのは、ずっと後の延暦《えんりゃく》十七年（七九八）のことであった。その間の国造は七世代におよぶが、それほどの長期間、公務の大領職が果たせないばかりでなく、それを黙認していた天皇や国司についても解せないものがある。

これにはいかなる理由があったのであろうか。住み慣れた故地を離れるのには、それだけの大きな理由があったはずである。またあえて転居を許した朝廷にも、それを許す何かの理由があったとみなくてはならない。この理解に苦しむ転居の裏には、出雲の神話と歴史の秘密がひそんでいるように思われる。

注

(1) 国庁の位置については、これまで八束郡出雲郷の上夫敷にあったとされてきたが、加藤義成氏は『出雲国風土記参究』で、今の松江市大草町の六所神社の西北方あたりに設定すべきであるとした。そこには慶長七年や元禄四年の検地帳に、「こくてう」の小字のみえることからも認めてよいと思う。六所神社は国司が出雲国の総社として創立したもので、この種の神社は国庁の近くに建てられることが多かった。

四　氏族構成から見た出雲

国造《くにのみやつこ》が出雲の地をどの程度、勢力下におさめていたかということは、考えなければならないことである。それを知る手がかりとしては、時代がさがるが『出雲国風土《いずものくにのふど》記《き》』の各郡の末尾にみえる郡司《こおりのつかさ》の連名が役立つ。そこには、その郡の風土記を筆録した郡司の職名、大領《おおみやつこ》・少領《すけのみやつこ》・主政《まつりごとひと》・主帳《ふみひと》の名が連記されているので、これが編纂された天平《てんぴょう》五年(七三三)のころの出雲の支配状況をうかがうことができるのである。しかも大領・少領には、その地の国造ないしは県主《あがたぬし》があてられることになっていたので、特に大領・少領がどの氏族から選ばれているかを知ることによって、それ以前におけるその地の豪族を探ることもできる。まずそれを示すと左のごとくである。

意宇郡(郷十一里三十三、余戸一、駅家三、神戸三里六)

国造兼大領	外正六位上勲十二等	出雲臣
少　領	従七位上勲十□等	出雲臣
主　政	外少初位上勲十□等	林臣

擬主政　无位　出雲臣
主帳　无位　海臣
〃　无位　出雲臣

嶋根郡（郷八里二十四、余戸一、駅家一）
大領　外正六位下　社部臣
少領　外従六位上　社部石臣
主政　従六位下勲十□等　蝮朝臣
主帳　無位　出雲臣

秋鹿郡（郷四里十二、神戸一）
大領　外正八位下勲十□等　刑部臣
権任少領　従八位下　蝮部臣
主帳　外従八位下勲十□等　日下部臣

楯縫郡（郷四里十二、余戸一、神戸一）
大領　外従七位下勲十□等　出雲臣
少領　外正六位下勲十□等　高善史
主帳　无位　物部臣

出雲郡（郷八里二十三、神戸一里二）
　大　領　外正八位下　日置部臣
　少　領　外従八位下　大　臣
　主　政　外大初位下　部　臣
　主　帳　无位　若倭部臣
神門郡（郷八里二十二、余戸一、駅二、神戸一）
　大　領　外従七位上勲十二等　神門臣
　擬少領　外大初位下勲十二等　刑部臣
　主　政　外従八位下勲十二等　吉備部臣
　主　帳　无位　刑部臣
飯石郡（郷七里十九）
　大　領　外正八位下勲十二等　大私造
　少　領　外従八位上　出雲臣
　主　帳　无位　日置首
仁多郡（郷四里十二）
　大　領　外従八位下　蝮部臣

少　領	外従八位下	出雲臣
主　帳	外大初位下	品治部

大原郡（郷八里二十四）

大　領	正六位上勲十二等	勝部臣
少　領	外従八位上	額田部臣
主　政	无位	日置臣
主　帳	无位	勝部臣

大郡では大領・少領・主政が各一名と主帳二名であるが、上郡ではすべてが各一名、中郡と下郡はともに大領・少領・主帳が各一名、小郡は領・主帳各一名である。出雲の意宇《おう》郡は大郡になるが、右の表では主政二名となっている。これには事情があったと思うが、いずれ後に触れたい。

この中でとくに大領と少領の郡司には、国造をもってあてるというのが、大化改新の詔による方針であった。この国造とは大国造と、小国造すなわち県主をさすものとみてよいが、それだけに、大領と少領がどの氏族から選ばれているかが問題になる。

しかし、その問題に入るまえに、『出雲国風土記』に記録されている郡領が、実際にその地の勢力者から選ばれていたことを証拠だてる史料として、天平十一年の『出《いず》雲国大税賑給歴名帳《ものくにたいぜいしんごうれきめいちょう》』を示そう。これには出雲郡と神門《かんど》郡の二郡しかないし、また里内の全部の氏ではなく、扶養を要する高年の者や年少者の属す戸主の姓氏だけを列記している。だが、それによっても大勢は理解できるはずである。『賑給歴名帳』には郷里別に記録されているが、郡郷別に戸数を表記すると左のごとくである。(1) なお、この郷里は『大宝令《たいほうりよう》』の国・郡・里が、霊亀《れいき》元年の式によって国・郡・郷・里の四級制になったもので、『大宝令』の里五十戸がここでは郷にあたっている。

『出雲国大税賑給歴名帳』の戸数

○出雲郡

建部郷（六十五名記載、全員数不明）

建部臣	十三戸	建部首	一戸	建部	四戸
語部君	二戸	語部	一戸		
鳥取部首	一戸				
掃守首	一戸				
日置部	一戸				

弓削部　二戸
物部　一戸
印支部　一戸
間人部　一戸
争　戸　一戸

漆沼郷（六十名中四十七名記載され、十三名欠）

出雲臣　三戸
丈部臣　三戸
建部臣　一戸　建部　一戸
日置部臣　一戸
物部首　一戸　物部　三戸
海部首　一戸
弓削部首　二戸
語部首　一戸　語部　一戸
掃守首　一戸
山部直　一戸

漆部直　三戸　漆部直族　二戸
漆沼稲置　一戸　稲置部　一戸
雀部君　一戸
伊福部　一戸
宅部　一戸
河内郷（百一名中八十五名記載され、十六名欠）
日置部臣　二十三戸　日置部首　四戸　日置部　一戸
建部臣　二戸　建部　一戸
日下部首　二戸
山長首　一戸
神門臣族　二戸
林臣族　一戸
出雲郷（八十八名中七十名記載され、十八名欠）
丈部臣　六戸
日置部臣　四戸　日置部首　一戸
出雲臣　一戸

笠　朝　臣　　　　一戸
出雲積首　　　　五戸　出雲積　　二戸
勝　部　首　　　　三戸
神門臣族　　　　一戸
佐波臣族　　　　一戸
稲　置　部　　　　一戸
伊　福　部　　　　一戸
品　治　部　　　　一戸
物　　　部　　　　一戸

杵築郷（五十九名中三十一名記載され、二十八名欠）

神　奴　部　　　　四戸
若　倭　部　　　　四戸
海　　　部　　　　三戸
額　田　部　　　　二戸
鳥　取　部　　　　二戸
品　治　部　　　　一戸

津嶋部　一戸

○神門郡

朝山郷（四十四名の全員記載）

若倭部臣　四戸　若倭部　五戸

神門臣　二戸　神門臣族　二戸

勝部臣　一戸

日置部　五戸

刑部　三戸

吉備部　二戸

日置郷（五十七名中四十名記載され、十七名欠）

日置部臣　四戸　日置部　二戸

神門臣　二戸

勝部臣　一戸　勝部　二戸

吉備部臣　一戸　吉備部　三戸

有臣　一戸

凡治部君　二戸

若桜部臣族　二戸
林臣族　二戸
若倭部　二戸
生部　一戸
古志郷（全員数不明、四十三名記載）
刑部臣　五戸　刑部　一戸
神門臣　三戸
勝部臣　一戸　勝部　一戸
若倭部連　二戸　若倭部臣族　一戸　若倭部　三戸
吉備部君　三戸　吉備部　一戸
建部　二戸
日置部　一戸
鳥取部　一戸
語部　一戸
滑狭郷（四十四名中二十九名記載され、十五名欠）
神門臣　七戸

若桜部臣　一戸
倭文部臣族　二戸
凡治部　二戸
語部　二戸
若倭部　一戸
丈部　一戸
伊福部　二戸
多伎郷（全員数不明、四十名記載）
吉備部臣　五戸
倭文部臣族　二戸　倭文部　一戸
伊福部　十戸
神奴部　八戸
日下部　一戸
伊秩郷（余戸里にあたり、十五名全員記載）
語部　六戸
舎人部　一戸　舎人　二戸

印 色 部　一戸
狭結駅（郡家と同所にあり、十九名全員記載）
刑 部 臣　三戸
神門臣族　一戸
物　　部　一戸
多伎駅（八名全員記載）
神 門 臣　一戸
神 奴 部　四戸
神戸（神戸里で、十六名全員記載）
神 奴 部　二戸
日 置 部　一戸
出 雲 積　一戸

これをわかりやすくするために、郡単位で臣姓《おみのかばね》のものを計上すると、順位は左表のごとくなる。

出雲郡では大領を出している日置部臣《ひおきべのおみ》の一統は断然他を引き離して多数である。しかし、少領の大臣《おおのおみ》は表には現われていない。この郡内の住人なのか、他からの移入者なのか不明である。

　これに対して、神門郡の方は、その点において明らかである。この地方のもっとも古い氏族とみられ、朝山郷を本貫とする神門臣の一統が絶対多数を占めて、ここから大領が選ばれている。そのつぎは刑部《おさかべ》臣・吉備部《きびべ》臣・若倭部《わかやまとべ》臣・日置部臣がやや同じ勢力で認められる。

　吉備部臣の一族は郡の西部の多伎郷《たきのさと》を中心として居住していたようであるが、日置部臣の一族は隣の出雲河内郷《こうちのさと》から本郷日《ひ》置《おき》郷・塩冶《やむや》郷にかけて居住していたようである。刑部臣の一族は古志《こし》郷を中心に住んでいたようで、欠文の高岸《たかきし》郷の方へも延びていて、実数はもっと増すものとみてよかろう。[2]そうした事情を勘案すると、少領が刑部臣から選ばれる可能性がもっとも高いわけである。もちろん、この郡にのみ名をみる吉備部臣の勢力も、西部の多伎郷に多いので、ここからは主政が選ばれている。

出雲郡	
日置部臣	二十八戸
建部臣	十六戸
丈部臣	九戸
出雲臣	四戸

神門郡	
神門臣	十五戸
刑部臣	八戸
吉備部臣	六戸
若倭部臣	四戸
日置部臣	四戸
勝部臣	三戸

こうしてみると、大領・少領は大体において、その地の勢力ある氏族から選ばれたものとみてよい。右の二郡のほかは調べようがないので、全体について決定的には述べられないが、その傾向は知り得たわけである。

ところで、意宇郡は神郡でもあるので、同姓の郡領を二名出すことができ、国造の出雲臣から大領と少領がともに選ばれている。この郡は国造家の本貫の地であるから当然のことである。そのためか擬主政と主帳まで出雲臣から採用されている。

ところが、出雲臣がその他の郡でも郡領に選ばれている。楯縫《たてぬい》郡の大領と、飯石《いいし》郡・仁多《にた》郡の少領である。楯縫郡の大領が出雲臣から出ている以上は、国造の一族がこの郡の権力を古くからもっていたものとみてよい(3)。しかも、少領には帰化族の高《たか》善史《よしのふびと》があたっているが、この氏族が勢力があるほどの戸数をもっていたとは考えられないので、ただ郡領に同姓の者を禁ずるために、学問と文筆に秀でた帰化族を補佐役として選んだのであろう。そうした点で、楯縫郡は全面的に出雲臣の勢力下にあったとみられるのである。

これに対して、出雲臣が少領をしている飯石郡では、大領が大私造《おおきさいのみやつこ》となっている。実は『出雲国風土記』の諸本は、「大弘造」とつくっているが、栗田寛氏が『標註出雲国風土記』で大私造の誤りであろうとして訂正した。この大私造は『続日本

黄泉ノ穴
杵築郷
宇　賀　郷
美談郷
入海
伊努郷
杵築大社
肥　河
神戸
八
野
郷
里
漆沼郷
健部郷
薗松山
神門の水海
塩冶郷
出雲郷
高岸郷
河内郷
神戸川
日置郷
古志郷
朝山郷
滑狭郷
多伎駅
神戸里
多　伎　郷
余戸里
佐比売山

出雲郡・神門郡の図

紀』の元明《げんめい》天皇和銅《わどう》二年（七〇九）正月の条に、「正六位上大私造虎に並に従五位下」とみえるものと同じ姓である。出雲国では天平六年（七三四）の『出雲国計会帳《いずものくにけいかいちょう》』に「熊谷軍団の百長、大私部首足国」の名がみえるが、熊谷軍団は飯石郡におかれていた。そこで『出雲国風土記』と時期の同じころに、飯石郡の軍団長に大私部首がなっていたわけで、そのためこの一統は門閥もあり、またこの郡にかなり多く分布もしていたとみてよい。この大私部については、『姓氏録《しょうじろく》』右京皇別に「開化天皇の皇子、彦坐命《ひこいます》の後なり」と記されている。

それよりも注意すべきは、この郡の少領である出雲臣である。『出雲国風土記』の意宇郡にのせる新院の条に、

新造の院一所。山代郷の中にあり。郡家の西北二里なり。厳堂を建立《た》つ。〔住僧一軀。〕飯石郡少領出雲臣弟山《おとやま》が造る所なり。

とみえている。この山代郷には国造家があるので、国造家のための菩提寺《ぼだいじ》を建立したものと思われるが、その寺院を飯石郡の少領である出雲臣弟山が建てているのである。彼の名は『出雲国風土記』と同じ位階で、天平六年の『出雲国計会帳』の九月二

日の条に、「飯石郡少領外従八位上出雲臣弟山に伝馬参匹の還却状を給う」とみえているが、『続日本紀』の天平十八年三月の条では、「外従七位下出雲臣弟山に外従六位下を授け出雲国造となす」とあって、彼が出雲国造を相続している。そして『出雲国風土記』の監修者であり、意宇郡で国造兼大領の職にあった広嶋の跡を継いで、第二十八世の国造になった。国造も郡領も終身なので、広嶋の死後に継いだのであろうが、弟山が子であったかどうかは不明である。しかし国造の相続者が飯石郡の少領であり、その少領のときに郷里に寺院を建立したことなどから考えて、この弟山はもと国造家の一員であったのを、飯石郡へ少領として派遣されたものとみてよかろう。大領が直系をもって相続されている好例としては、『出雲国風土記』の出雲郡の条に、

新造の院一所。……旧の大領日置部臣布禰《ふね》が造る所なり。今の大領佐底麻呂が祖父なり。

とみえて、大領が直系親族で継がれている。(4) そこで弟山は国造兼意宇郡の大領の職を継ぐべく飯石郡の少領を辞して帰ったものとみてよい。そうなると、国造職を相続するほどの人物を、わざわざ飯石郡の少領として迎えていることを考えると、この飯石郡へも国造家の勢力があったものと思われる。

もう一つは仁多郡の少領が出雲臣である。大領は蝮部臣《たじひべのおみ》の出であるが、この蝮部は、瑞歯別《みずはわけ》天皇（反正天皇）の御名代部で、『古事記』の仁徳《にんとく》天皇の条に、「此の天皇の御世に、……水歯別命の御名代として、蝮部を定めたまい」とみえ、この蝮部の名称は、蝮之水歯別命《たじひのみずはわけのみこと》といって、多治比之柴垣宮にいました地名からである。皇族の名を後世に伝える目的で、諸国に設けられた部を御名代部というが、『姓氏録』右京神別の天孫の丹比宿禰《たじひのすくね》の条に、

御殿《みとの》宿禰の男《こ》、色鳴《しこめ》、大鷦鷯《おおさざき》天皇（仁徳天皇）の御世に、皇子瑞歯《みずは》別《わけ》尊、淡路宮に誕《あ》生れましし時に、淡路の瑞井《みずい》の水を御湯に灌《そそ》ぎまつりき。時に虎杖《いたどり》の花飛《ち》りて、御湯の瓮《ほとぎ》の中に入りき。色鳴宿禰、天神寿詞《あまつかみよごと》をもうし、号《みな》を奉りて、多治比瑞歯別尊ともうす。すなわち多治比部を諸国に定めて、皇子の湯沐邑《ゆあみのところ》としたまい、やがて色鳴を宰《つかさ》として、丹治比部《たじひべ》の戸《へ》を領《し》らしめたまいき。

とあり、湯沐邑すなわち田荘封戸の性格をもつ御名代部であったことがわかる。一般にその地の国造などの豪族に課してつくらせ、その長にあてるので、国造家の出雲臣から選ばれ、そのためここでは蝮部臣という臣姓がついているのだと思われる。

こうしたことから仁多郡の大領が蝮部臣であり、少領が出雲臣であることは、この郡へ国造家の勢力があったものとみてよかろう。

この蝮部臣が少領となっているのに秋鹿《あきか》郡がある。大領は刑部臣であるが、これも允恭《いんぎょう》天皇の皇后忍坂大中姫《おしさかおおなかつひめ》の御名代部で、允恭紀二年の条に、「忍坂大中姫を立てて皇后としたもう。この日、皇后のために刑部《おさかべ》を定む」とあり、『古事記』には「大后の御名代として刑部を定めたまい」とみえている。したがってこの刑部臣も、前と同様に国造に課せられた御名代の刑部を、秋鹿郡から土地人民を献上し、国造一族からその長についたものであろう。しかも秋鹿郡からさらに西部の楯縫《たてぬい》郡の大領を、出雲臣が占めているのでもわかるように、秋鹿郡は国造の勢力範囲にあったものとみてよい。

この半島の楯縫・秋鹿につづく嶋根郡は、大領が社部臣《こそべのおみ》、少領が社部石臣となっている。社部（渠曾部）は祭祀関係の部であるというほか出自不明である。(5) この半島の先端に美保《みほ》神社があるが、この神社の社家でもあったのであろうか。美保の関は山陰では名高い海の関所であるが、中海の出入口にあたっている大切なこの関所の支配権を、出雲国造が握っていなかったとは考えられないことである。

また意宇郡の西隣の大原郡の大領が勝部臣《すぐりべのおみ》、少領が額田部臣《ぬかたべのおみ》で、これも表面上では国造との関係を認めがたいが、それを囲む飯石・仁多両郡の少領が出雲臣であることから、隣接の大原郡とは深い関係が当然あったはずである。勝部というものの出自は不明であるが、韓からの帰化族とみてよいようである。額田部は農耕の部であるが、『出雲国風土記』によると大領の勝部臣虫麻呂《むしまろ》も、少領の額田部臣押嶋《おししま》もともに新造の寺院を建立しているところから、この郡での権力者であったとみてよかろう。

以上のごとく各郡の郡領の調べからでは、大まかではあるが、国造の勢力が古くはその全域にわたっていたものと判断してさしつかえない。しかもさらに知り得たことは、大領はその地の国造あるいは小国造から選ばれているが、少領は別にその郡内の居住者に限らず、広く人材を求めたように受けとれることである。史料の上で明らかに当郡の勢力家から少領が選ばれているのは神門郡と大原郡ぐらいで、飯石郡のごときは意宇郡から移って任務についているし、出雲郡でも大臣《おおのおみ》という氏族を少なくとも『賑給歴名帳』では見出せないのである。秋鹿郡にしても少領の蝮部臣は、本貫を仁多郡にもつものである。これは御名代であるだけに明らかである。したがって、そこから秋鹿郡へ迎えたとも受け取れないことはない。楯縫郡の帰化族の高善史も、少なくとも氏族数の上からでは考えられず、才能から選ばれたものとみてよいようである。そこで原則としては、少領はその地の県主やその他の勢力家から選ばれたであろうが、必ずしもそれに拘泥しないで人材を選ぶことが許されていたように思われる。

さて、残る郡は神門郡と出雲郡とである。中でも神門郡の大領である神門臣は、出雲臣と同族とされているので、これまでの調査からは、これらの地方も古くは国造の勢力下にあったといってよい。それなのに、あえてこの二郡を切り離して論じようとする理由は、この神門・出雲両郡が、記紀神話のなかの出雲神話の舞台となっていることと、この二郡の歴史をどう理解するかが、出雲神話を解く鍵ともなるからである。

さきに示した『賑給歴名帳』も、神門・出雲の二郡だけが伝えられているが、問題の地域であるだけに幸いである。その郷里における氏族の分布状態を参考としながら、この二郡の歴史を探ってゆくことにしたい。

出雲西部の文化は神門川《かんどがわ》（神戸川）の流域で起こった。この神門川は、源を飯石郡の琴引山《ことひきやま》から発し、来島《きじま》・波多《はた》・須佐《すさ》の三郷を経て、神門郡の神戸《かんべ》・朝山《あさやま》・古志《こし》などの三郷を流れ、西に向いて水海に入る。この水海を「神門の水海」といい、いまの神《じん》西湖《ざいこ》がむかしの一部を残す遺跡である。これはちょうど出雲東部の文化が意宇川の流域に発して、この川が中海に入るのとよく似ている。しかも、この神門川の上流の須佐の地が、須佐之男命《すさのおのみこと》の説話が発生した舞台なのである。

この神門川の下流の郷に、古くから神門臣の一族が住んでいた。出自は出雲臣と同

族といわれ、『姓氏録』右京神別の天孫の条に、

出雲臣。天穂日命の十二世の孫、鵜濡渟命《うかずくぬのみこと》の後なり。

神門臣。上に同じ。

とみえている。この神門臣一族の本貫は朝山郷であったと思われる。というのは、『出雲国風土記』で寺院の建立はその本貫の地に見られるからである。神門郡の新造院の条に、

新造の院一所。朝山郷の中にあり、郡家の正東二里六十歩なり。厳堂を建立《た》つ。神門臣等が造りし所なり。

とあるのでもわかる。欠けている『賑給歴名帳』ですべてを論ずることはできないが、この本貫の朝山郷には神門臣がわずかに二戸、滑狭《なめさ》郷には七戸、古志郷に三戸、日置郷が二戸、そのほか特に塩冶郷をはじめとして北の諸郷が不明であるが、朝山郷から郡の中心部である平野へ向けて進出したようである。

神戸川（立久恵峡）

『出雲国風土記』の出雲郡健部郷《たけるべのさと》の条に、

健部郷。……健部と号《なづ》くるゆえは、纏向檜代宮《まきむくのひしろのみや》御宇天皇《あめのしたしろしめししすめらみこと》（景行《けいこう》天皇）の、朕が御子、倭健命《やまとたけるのみこと》の御名を忘れじと勅《の》りたまいて、健部を定め給いき。その時、神門臣古禰《かんどのおみふるね》を健部と定め給いき。すなわち健部臣等、古《いにしえ》より今に至るまで、なお此処に居《す》めり。故《か》れ健部という。

この健部は景行紀四十年の条に、「功名《みな》を録《つた》えんと欲《おぼ》して、すなわち武部を定めたもう」とあるもので、日本武尊の御名代部である。右の記事は、健部を出雲に置くについてこれを神門臣に課し、神門臣が土地人民を献上して、その長に神門臣の古禰があたって健部臣と称したということである。この健部郷を『賑給歴名帳』でみると、一郷五十戸のうち、これには三十戸が載せてあるが、その中で建部臣十三戸、建部首一、建部四戸、計十八戸の多くがこの一族である。[6] しかも他郷ではわずかなので、健部の一族はこの健部郷を本貫としていたことが確かであり、御名代部とされていたことも認めてよかろう。この健部郷は宍道湖《しんじこ》の西南にあたり意宇郡と接するところで、神門臣はこの住民を健部として献上したというのであるから、ここはむかし神門臣の勢力下にあったとみられる。そして、その勢力は神門・出雲の両郡にわたっていたと思われる。

その後、郡が分かれて神門郡・出雲郡となったとき、神門郡の大領として神門臣が選ばれたが、出雲郡の大領には日置部臣があてられた。神門郡には日置郷があり、『出雲国風土記』にも、

日置郷。郡家の正東四里なり。志紀嶋《しきしま》の宮御宇天皇（欽明《きんめい》天皇）の御世に、日置伴《とも》部《べ》等、遣わされ来て宿停《とどま》りて政《まつりごと》せし所なり。故《か》れ日置郷という。

とあって、日置郷の由来を述べている。実際『賑給歴名帳』を調べてみても、日置部

臣四戸、日置部二戸がみえるが、大きな郡で居住していたのは、かえって出雲郡河内郷で、ここには日置部臣二十三戸、日置部首四戸、日置部一戸の合計一族二十八戸もあった。そして、日置部臣が建てた新造の寺院もこの河内郷にあって、この記事はさきに掲げたごとくである。また出雲郷に五戸みられ、結局この日置部臣の一族は、もとは神門郡日置郷に住み、その後は斐伊川の流域へむけて伸び、郡制が布《し》かれると、斐伊川を挟む河内郷と出雲郷に一番多く居住していた結果となった。そのため出雲郡の大領となったのだと考えられる。

この日置部の出自については、垂仁《すいにん》紀三十九年の条に、初めて日置部が置かれたことが記されている。

五十瓊敷《いにしき》皇子、茅渟《ちぬ》の菟砥《うと》河上にまして、鍛名《かぬちな》は河上《かわかみ》を喚《め》して、大刀一千口を作らしめたもう。この時、楯部《たてぬいべ》、倭文部《しとりべ》、神弓削部《かむゆげべ》、神矢作部《かむやはぎべ》、大穴磯部《おおあなしべ》、泊橿部《はつかしべ》、玉《たま》作部《すりべ》、神刑部《かむおさかべ》、日置部、大刀《たち》佩部《はきべ》、併せて十箇の品部《とものみやつこ》をもて五十瓊敷皇子に賜う。

とあって、垂仁天皇の第一皇子五十瓊敷の御名代としてみえる。ところが、『出雲国

風土記』の意宇郡舎人郷《とねのさと》の条に、

舎人郷。郡家の正東二十六里なり。志貴嶋宮御宇天皇（欽明天皇）の御世、倉舎人《くらのとねの》君《きみ》等が祖、日置臣志毘《しび》、大舎人供《つか》え奉りき。すなわちこれ志毘が居る所なり。故《か》れ舎人という。

とみえているが、この倉舎人部は欽明天皇の倉皇子《くらのみこ》の御名代部である。(7) この意宇郡舎人郷の伝説と、神門郡日置郷の伝説は時代も同じであって、両者には関係がありそうである。御名代として初め意宇郡に置かれたのが、のちに神門郡に移る一族があったのか、あるいはその反対であったのか、いずれにしてもこれが御名代部であるので、国造家の一族から長が選ばれ、そのため臣姓をもって伝えて来たものであろう。(8)

以上のように、この出雲西部の二郡、すなわち神門郡も出雲郡もともに、出雲国造の血統をうけた神門臣・日置部臣によって治められることになったのである。

このほか、この地方で勢力のあった各氏族を参考までに挙げると、神門郡の少領をした刑部臣の一族が、古志郷から北に分布していたようである。『賑給歴名帳』には刑部臣八戸、刑部四戸がみえるが、北部地方の郷名がみえないので実数はもっと増すであろう。これはさきにも述べたように、允恭皇后の御名代部である。また神門郡の若倭部《わかやまとべ》は開化《かいか》天皇の御名代で、若倭部臣四戸、若倭部臣族一戸、若倭部連二戸、若倭部十一戸がみられ、朝山郷に多くみられる。

　これに対して、他国の豪族も入りこんでいるが、主なものとしては神門郡で吉備部臣がみられる。これは吉備臣の部曲であるが、吉備部臣六戸、吉備部君三戸、吉備部六戸があり、西部の多伎の地の開拓に入ったようである。(9)　また安部臣の一族の丈部が、斐伊川を挟んで両郡に入ってきている。そのほか、さきの表で見られるように、多くの氏族が入りこんできているが、記紀の垂仁天皇の条に物部十千根《とおちね》大連が神宝の検校《けんぎょう》のために出雲に派遣されたとみえておりながら、この系統の物部がほんのわずかしか入っていないことは注目されることである。しかし、この物部は神門郡の西隣の石見国の大田へ移植し、物部神社（旧国幣小社）までつくった。

　大化改新の詔が、実際いつから出雲では実施され、実を結ぶようになったかは不明であるが、国司・郡司の設置を見、御名代の屯田はもちろん、各氏族の私有していた部曲・田荘も禁じられて、班田収授の制のもとで、一般公民としての地位に変わった。したがって、その後は『賑給歴名帳』にみえる氏族名称も、ただ彼らの古い出自を示すものにしかすぎなくなったわけである。

注

（1）『賑給歴名帳』には欠文の個所が多い。しかしこの『賑給歴名帳』の郷名は、天平五年の『出雲国風土記』の郷名の順位と同じである。たとえば古志郷は郷名の部分が欠けているが、後が滑狭郷に続いている点から、これが古志郷の一部を伝えるものであることがわかる。同じように郷名を欠く多伎郷も比較して入れることにした。なお郷内の員数についても、総数・記載員数・欠文の員数などを参考までに記しておく。また文中の郷は大宝令の戸令。

（2）『出雲国風土記』には新造の寺院名と建立者の名が記されているが、寺院はその氏族の本貫の郷に建立される。神門臣は朝山郷、刑部臣は古志郷、日置部臣は出雲郡河内郷に建立した。中でも日置部臣は河内郷を本貫とし、また戸数も群をぬいて多いが、神門郡日置郷がその地名から古くは本貫地であり、後に河内郷の方へのびたものであろう。

（3）楯縫郡沼田郷の新造の寺院は、大領の出雲臣大田が建立したということが、『出雲国風土記』にみえる。したがって出雲臣大田は沼田郷を本貫として勢力をもつ氏族であったと思われ、国造出雲臣の一族であったとみてよかろう。

（4）『出雲国風土記』の大原郡の新造院の条に、「前の少領、額田部臣押嶋が造る」とあり、それは今の少領の伊去美《いこみ》の従父兄《いとこ》であると付記している。そこで従父兄による相続もあったことがわかるが、一般には直系親族の相続によるものとみてよかろう。

（5）社部臣については他の文献で、天武天皇元年に近江軍についていた社戸臣大口という名がみえ、『姓氏録』には左京皇別に許曾倍朝臣の名が記されていて、多分同族であろう。

(6) 出雲郡では日置部臣と、この健部臣とが戸数において断然他を制しているので、大領の日置部臣に対し、少領は健部臣から選ばれてよいはずである。それができなかった理由は、戸数は多くても勢力がなかったのであろう。この郷には不思議と中期古墳だけが数個あって、後期の古墳がない。たぶんしだいに勢力を減退していったのであろう。これに対し日置部臣のものと思われる後期の巨大古墳二つがある。

(7) 久松潜一氏校註の『風土記』(日本古典全書)では、『姓氏録』に「日置倉人日置造同祖」とあることから高麗の帰化人とみている。加藤義成氏の『出雲国風土記参究』をはじめその他各書も同じ見解である。しかし、これは欽明天皇の倉皇子の御名代部である。

(8) 意宇郡舎人郷に日置臣志毘の伝説が伝えられているが、このほか国造の住地と同じ山代郷に日置君目烈が新造院を建立し、しかも彼は出雲神戸の日置君猪麻呂が祖であると記している。さらに山国郷にも日置部根緒が新造院を建てているので、日置部臣の一族は意宇郡だけでも舎人・山代・山国の各郷と出雲神戸へも広く分布していたし、寺院を建立しうる権力を持っていたことがわかる。これに対し、西部の神門・出雲両郡でも多くの戸数と強い権勢を持っていた。

(9) これまで出雲西部の神門臣の勢力に対抗するものとして、強力な吉備勢力が考えられてきた。たとえば藤間生大氏(『吉備と出雲』私たちの考古学四ノ二)や原島礼二氏(『古代出雲服属に関する一考察』歴史学研究二四九)などの意見があるが、彼らの居住地は政治の中心から離れた西方の多伎郷が主体であったことを知らなければならないし、他の各氏族を圧制するほどの戸数でもない。

ている。

五　国造系譜の疑点

崇神《すじん》天皇六十年には、出雲国が大和朝廷に征伐されたことが『日本書紀』に記されている。

群臣に詔《みことのり》してのたまわく、武日照命《たけひてるのみこと》の天より将来《もちき》たれる神宝《かむたから》は、出雲大神宮に蔵《おさ》む。これ見ま欲しと。すなわち矢田部造の遠祖武諸隅《たけもろすみ》を遣わして献《たてまつ》らしむ。この時に当たりて、出雲臣の遠祖出雲振根《ふるね》、神宝を主《つかさど》れり。ここに筑紫国に往きて遇わず。その弟飯入根《いいいりね》、すなわち皇命を被《うけたまわ》りて、神宝を以て弟甘美韓日狭《うましからひさ》と子鸕濡渟《うかずくぬ》とに付けて貢《たてまつ》り上ぐ。すでにして出雲振根、筑紫より還り来て、神宝を朝廷に献りつと聞きて、その弟飯入根を責めていわく、数日待たなむ。何を恐《かしこ》みてか、たやすく神宝を許ししと。

主権の表象である神宝は、神から授かったものとして、どの部族もそれを奉持していた。右の記事は、出雲国の主権を表象する神宝を朝廷へ差し出すよう命じたものであるが、出雲大神宮に納めている神宝の管理者である兄の振根は、折悪しく筑紫へ旅していて留守であった。ところが、弟の飯入根が朝廷の威におそれて、一戦もまじえないで渡したのに対し、なぜ帰国するまで待たなかったのかと兄が怒ったのである。

この兄の振根の怒りは当然だといえる。神宝を取り上げられることは、主権の喪失を意味したからである。景行《けいこう》紀には九州地方の各地で一国の魁帥《ひとこのかみ》が、天皇へ帰順のしるしとして鏡剣玉の三種の神器を奉献している記事がみえる。出雲の神宝もそうした意味をもつものであった。そこで、兄はついに弟を殺すのであるが、文は左のように続いている。

すでに年月を経《ふ》れども、なお恨忿《いきどおり》を懐きて、弟を殺さん志あり。よりて弟を欺きていわく、頃者《このころ》、止屋淵《やむやのふち》に多《さわ》に萎《も》生いたり。願わくは共に行きて見まく欲しと。弟、すなわち兄に随いて往く。

これより先に、兄、ひそかに木刀《きだち》の形、真刀に似たるを作れり。ときに自ら佩《は》けり。弟は真刀を佩けり。共に淵の頭《ほとり》に到りて、兄、弟にかたりていわく、淵の水清冷《いさぎよ》し。願わくは共に游沐《かわあ》みんと欲《おも》うと、弟、兄の言に従いて、おのおの佩かせる刀を解きて、淵の辺に置きて、水中に沐《かわあ》ぶ。すなわち兄、先ず陸に上がりて、弟の真刀を取りて自ら佩く。後に弟、驚きて兄の木刀を取りて、共に相撃つ。弟、木刀を抜くことを得ず。兄、弟飯入根を撃ちて殺しつ。故《か》れ、時の人、歌いていわく、
「やくもたつ、いづもたけるが、はけるたち、つづらさはまき、さみなしに、あはれ。」
ここにおいて、甘美韓日狭《うましからひさ》、鸕濡渟《うかずくぬ》、朝廷に参向《まいで》て、曲《つまびらか》にその状を奏す。すなわち吉備津彦と武渟河別《たけぬなかわわけ》とを遣わして、出雲振根を誅《つみな》わしむ。

ところが、これと同じ話が時代がくだって『古事記』の景行天皇の条にみられる。それは倭建命《やまとたけるのみこと》が九州の熊曾建《くまそたける》を誅して、その足で出雲国に入り、出雲建《いずもたける》を殺す段である。

すなわち出雲国に入りまして、その出雲建を殺《と》らんと欲《おもほ》して、到りましてすなわち結友《うるわしみ》したまいき。故《か》れひそかに赤檮《いちいのき》もて詐刀《こだち》を作りなして御《み》佩《は》かして、共に肥河《ひのかわ》に沐《かわあみ》したまいき。ここに倭建命、河より先ず上がりまして、出雲建が解き置ける横刀《たち》を取り佩かして、刀易《か》えせん、と詔《の》りたもう。故《か》れ後に出雲建、河より上がりて倭建命の詐刀を

佩き。ここに倭建命、いざ刀合わせんと誂《あとら》えたもう。爾《か》れ、各その刀を抜く時に、出雲建、詐刀を得抜かず。すなわち倭建命、その刀を抜きて、出雲建を打ち殺したまいき。

かれ御歌よみしたまわく、「やつめさす、いづもたけるが、はけるたち、つづらさはまき、さみなしにあはれ。」

以上の二つの記事は、ともに出雲国の主長が朝廷によって伐たれたことを伝えるものであるが、その伝承をどう伝説化するかによって記事の内容が変わってくる。前者は崇神朝における四道将軍の派遣と、その結果「天下大に平《たいらか》なり。故《か》れ称《たた》えまつりて御肇国天皇《はつくにしらすすめらみこと》ともうす」といわれた崇神天皇の御代に、出雲国平定の事件は必ず記さなければならなかったのである。

いずれ本論の進むにつれて理解されることと思うが、神代巻の三分の一以上を占める出雲神話、そして大国主神《おおくにぬしのかみ》（大己貴命《おおなむちのみこと》）が治める出雲国の平定によって、天孫降臨が行なわれるというこの神話は、御肇国天皇の御代に投影させて、出雲征伐の記事を載せる必要があったのである。北陸・東海・西道・丹波の四道に将軍を派遣したとは記しても、討伐した国の名は挙げずただ「戎夷《ひな》を平《む》けた」とのみ述べているのに、出雲国だけはその名を挙げて平定したとしなければならなかったのである。

これと同じ作為は、この崇神朝に初めて天照大神《あまてらすおおみかみ》を笠縫邑《かさぬいのむら》にまつり、さらに大物主神《おおものぬしのかみ》・大国魂神《おおくにたまのかみ》をはじめ、天社・国社をまつるという記事を載せたところにも認められる。これら神社の場所は、三輪山《みわやま》から笠縫を経て天理へ至る山の辺の道筋にあり、このあたりは初期の皇居となったところで、それだけに皇室と関係の深かった土地の大物主神（三輪山の大神《おおみわ》神社）と大国魂神（天理の大倭《おおやまと》神社）のことも、天照大神の名とともに崇神朝にまつったといいたかったのであろう。この記事が起点となって、次の垂仁朝に天照大神は伊勢へ遷ることになる。

崇神紀にみる出雲征伐の記事も、右と一連の同じ心理に出たものである。ところが、『古事記』はこのことに触れず、その代わりに景行天皇の条に、皇子の倭建命をして、まず九州の熊曾建を討たせ、つづいて出雲建を殺させる。熊曾建を討つことは『日本書紀』にもみえているが、この熊曾建こそ九州一の最強な賊で、彼を誅すとき彼から倭建命という称を贈られる。日本一の武勇な者の意をもつ倭建命という人物に、九州一の賊を平げさせるとともに、ついでに大国の出雲建も誅したという伝説を加えることによって、倭建命の武勇を讃える効果を上げることができると考えたのである。何も出雲建が全国の国々の主長よりも優れて、強力な者であったからではない。神代紀の神話の投影にしかすぎないのである。

しかし、たとえ伝説とはいっても、単なる空虚なものから作られるものではない。こうした伝説を生んだ素材が、『出雲国風土記』の出雲郡健部郷《たけるべのさと》の説明のなかに見出される。この記事は前節に引用しているが、これからの本論の展開の上に重要な史料となるので、あえて重複して掲げることにしたい。

健部郷。郡家の正東一十二里二百二十四歩なり。さきに宇夜里《うやのさと》と号《なづ》けしゆえは、宇《う》夜都弁命《やつべのみこと》、その山の峰に天降《あも》りましき。すなわちその神の社、今に至るまでなお此処にませり。故《か》れ宇夜里という。

しかるに、後に改めて健部と号《なづ》くるゆえは、纏向檜代宮《まきむくのひしろのみや》御宇《あめのしたしろしめしし》天皇《すめらみこと》(景行天皇)の、朕が御子、倭健命の御名を忘れじと勅《の》りたまいて、健部を定め給いき。その時、神門臣古禰《かんどのおみふるね》を健部と定め給いき。すなわち健部臣等、古《いにしえ》より今に至るまで、なお此処に居《す》めり。故れ健部という。

前段は、古くは宇《う》夜《や》都《つ》弁神《べのかみ》をまつっていたので、宇夜里と呼ばれていたというものである。ところが後段で改名の理由をのべ、景行天皇の御代、神門臣の古禰をもって倭健命の御名代部とし、その子孫が健部臣として現在まで居住しているからだという。

一般に説話伝説というものは、簡略なものほどその原形である。さきの『古事記』の記事、すなわち倭建命が出雲建を殺すという話は、この『出雲国風土記』の地名説話から発展したものであろう。『日本書紀』の方は、『古事記』の人物を替えて、倭建命と出雲建との仕組みを、兄の振根と弟の飯入根との兄弟争いに組み替えたものと考えられる。

だが、ここで興味深いことは、さきの崇神紀六十年の記事のなかに「出雲振根《ふるね》」の名が見え、『出雲国風土記』には「神門臣古禰《ふるね》」とあって、共に同人を指していることである。前者の名の出雲振根では、意宇郡にいた国造出雲臣をさすのかその点不明であるが、『風土記』によって出雲臣と同族ではあるが、出雲西部を統べる神門臣の一族に属す者の名であったことがわかる。地名からみても、『古事記』の方は肥河《ひのかわ》(斐伊川《ひいかわ》)で水浴するといい、『日本書紀』は止屋淵《やむやのふち》と記しているが、これは神門郡塩《やむ》冶《や》郷を流れる斐伊川の淵で、いまの出雲市大津町のところにあたる。そして、そこに住んでいたであろう人びとによって伝誦されていた歌、「やぐもたつ、いづもたけるが、はけるたち、つづらさはまき、さみなしに、あはれ」(八雲立つ、出雲建が、佩ける太刀、葛多巻き、さ身無しに、あはれ」という歌を基にして出雲の滅亡を説話化して伝えたのであろう。『古事記』も『日本書紀』もともに伝説の後にこの歌を載せているのでもわかるように、その素材となった中心はこの歌であり、それに『出雲国風土記』の健部郷の地名説話がからんで、内容の豊かな事件となったのである。

右の歌意は説明する必要もないと思うが、「出雲建が腰に佩いている太刀は葛をたくさん鞘に巻いて立派そうであるが、中身がなくて哀しいことよ」という意である。しかしこの歌の原形は、どう考えてもこんなに物悲しい格調をもっているものではない。「八雲立つ出雲建が佩ける太刀……」と歌い出すこの格調の美は、雄々しい出雲の勇士を讃える言葉でなくて何であろう。「葛多《さわ》巻き」という表現も、太く強大な太刀を示したものであり、末尾の「あはれ」も、あっぱれ見事だと讃えた言葉である。出雲の勇士を讃美した歌が、替え歌として、彼ら勇士の没落をうたう哀歌となったのであろう。

なお一言付記しておきたいことは、さきの『出雲国風土記』の神門臣古禰は、神門臣の族長ではないということである。朝廷から神門臣の族長に対して、御名代として の健部を設けることが命ぜられたとき、その一族の中の古禰を健部臣とし、土地人民をつけて献上した。そして神門臣から分かれて健部臣を名のった古禰は、その後代々、健部郷に住んだということを記しているものである。これは御名代部の設けられるときの一般的方法である。したがって古禰は神門臣の族長でも、出雲臣の族長でもなかった。

さらにここで指摘しておかなければならないことは、記紀ともにその伝説の舞台を肥河（斐伊川）に設けていることである。記紀にみる出雲神話や伝説は、すべてといっても過言でないほど、この肥河がつねに背景として物語られる。そして、出雲族が古く栄えた意宇川《おうがわ》も、西部に移って後の中心地となった神門川も、記紀の神話からは消されて、ただ肥河が取り上げられる。しかし、生活の依存度をこの肥河にかけるようになったのはだいぶ後のことで、『賑給歴名帳』も示すように、天平のころでも西部の統治者であった神門臣の一族は、なお神門川の流域に居住していたほどである。また古墳の分布からみても明らかなように、この地で発生した神話は、古ければ古いほど神門川の流れる地域を発生地盤としているのである。

もちろん、それは当然のことであるが、時代の経過とともに、神話伝説は神門川から切り離されて肥河と結ばれて語られるように変わって行った。その理由を述べることこそ本論の題目であり、いずれ後に詳しく述べるが、さきの記紀の両記事がともに肥河を地名としていることからいっても、創作の時代のごく新しいものであるといってよい。肥河の下流、出雲平野の開発にともなう経済的発展が、杵築《きづき》大社を世に顕わし、ひいてはそこに流れこむ肥河と神話とを結ばせるようになったのである。神門川に依存していた生活にとっては、遠く離れた無関係の地の杵築大社は必要でもなかったし、またそのころ創立されてもいなかったのである。

さて次に、『出雲国風土記』の神門臣古禰と崇神紀の出雲振根との関係について述べる必要があろう。これは同一人物で、したがって神門臣に属す者とみてよいであろう。ところが崇神紀六十年の悲劇の主人公、出雲振根の伝説は、さきにも考証したように、出雲国の崩壊を後に脚色したもので史実ではないが、勅撰書としての『日本書紀』に記録されていることから、大きな影響を与えた。それはまず『姓氏録』に載る出雲臣・神門臣の系譜にあらわれ、さらに国造家に伝わる『出雲国造世系譜《せけいふ》』の上に変化をもたらす結果となった。

まず『姓氏録』をみると、すでに掲示したごとく、出雲臣・神門臣ともに「天穂日《あめのほひの》命《みこと》の十二世の孫、鵜濡渟《うかずくぬ》命の後《すえ》なり」とみえているが、この鵜濡渟は、振根の弟にあたる飯入根の子である。兄の振根が弟の飯入根を殺して朝廷に謀反するさまが見えたので、殺された飯入根の子が朝廷へ赴いてその事情を報告し、朝廷からは吉備津彦《きびつひこ》などの征討軍が派遣されて、この振根はついに誅される。そこで賊名をおびた振根の跡目は、朝廷側につくした弟の飯入根の子に継がれることになる。

この崇神紀の伝説が出雲国の主権者の名を表わした最初のものであり、また出雲平定と新しい出雲の再建とが語られていることから、朝廷側について出雲の再建を計った鵜濡渟を、出雲国造の祖としたのである。しかしこの伝説と、そこに名をつらねる人物は、ともに出雲西部を舞台とした神門臣のことである。そこで神門臣がこの「鵜濡渟の後なり」と述べるのはわかるが、国造の出雲臣の系譜にこの名を出すのは変である。ところが、それをあえて祖先の名として選んだのは、勅撰書としての『日本書紀』に祖先の名を求めて届け出る必要があったためであり、また崇神紀の伝説は表面的には出雲の主権者、すなわち国造の平定を取り扱っているからでもある。だが、国造家が鵜濡渟をはじめ、この伝説をみずからの祖先の事件として取り上げたことによって、その矛盾のひずみが国造家に伝わる系譜の上にあらわれている。まず『出雲国造世系譜』の初めの部分を左に示そう。

天照皇大神 皇統詳見二日本書紀及紹運録等書一

┗正哉吾勝勝速日天忍穂耳尊

出雲国造始祖　古事記作二天菩比命一、風土記作二天夫比命一

天穂日命　此神事実詳見二日本書紀神代紀及古事記等書一、故以不二具載一、文徳実録天安元年六月丙寅朔甲申、在二出雲国一従五位下天穂日命神、預二官社一、三代実録貞観九年五月二日、従五位下能義神授二従五位上一、十三年十一月十日、授二正五位下一、延喜式神名帳、出雲国能義郡天穂日命神社

天津彦根命　凡川内直、山代直等祖

活津彦根命

熊野櫲樟日命　一名大背飯三熊大人、亦名武三熊大人神代紀、

二世

武夷鳥命　一名建比良鳥命古事記、一名武日照命、亦云二天夷鳥一崇神紀幷註、天日名鳥命姓氏録、古事記註出雲国造、无邪志国造、上菟上国造、下菟上国造、伊自牟国造、津島県直、遠江国造等之祖也

三世

伊佐我命　系譜或作二櫛瓊命一、菅原系譜作二五十坂三磯命一

四世
津狭命

亦五
櫛瓺《ミカ》前《サキ》命
世名㆓久志和都命㆒、出㆓于新撰姓氏録及菅家系譜㆒

六世
櫛月命

七世
櫛瓺《ミカ》鳥海《トリミ》命
系譜或作櫛瓺嶋海命

八世
櫛田命

九世
知理命
系譜或作㆓櫛知理命㆒

十世
世毛呂須命
系譜或作㆓毛呂須命㆒

十一世
阿多命
亦名㆓出雲振根㆒、事詳見㆓日本書紀崇神天皇紀㆒

伊幣根命　崇神紀作㆓飯入根㆒、姓氏録作㆓可美乾飯根命㆒

甘美韓日狭《ウマシカラヒサ》

十二世
氏祖《オホシ》命　氏祖命鸕濡渟命別称、出雲臣・土師連・菅原朝臣・秋篠朝臣・大枝朝臣・神門臣・凡河内忌寸等氏祖、姓氏録曰、天穂日命十二世孫宇賀都久野命、旧事紀国造本紀、出雲国造、瑞籬朝、以㆓天穂日命十一世孫宇迦都久怒命㆒、定㆓賜国造㆒、姓氏録亦作㆓鵜濡渟命㆒、崇神紀作㆓鸕濡渟㆒

十三世
襲《ソ》髄《ツネ》命

十四世
来日田維《キヒタスミ》命　或作㆓来日狭維命㆒、家伝系譜作㆓来日田維穂命㆒、或作㆓来日維穂命㆒、古事記垂仁条下、出雲国造之祖名岐比佐都美

野見宿禰　姓氏録曰、天穂日命十四世孫野見宿禰
書紀垂仁紀仕㆓土部職㆒、因改㆓本姓㆒謂㆓土部臣㆒、是土師連之始祖也

姓氏録光仁天皇天応元年改二土師一、賜二菅原氏・大枝姓一

十五世
三島足奴《ソコヌ》命

十六世
意宇足奴命《オウノソコヌ》
或作二意宇足奴命一、書紀仁徳紀、倭屯田司出雲臣之祖游宇宿禰

十七世
国造宮向臣
家乗一本云、反正天皇四年為二国造一、始賜二出雲姓一、居レ官八十八年

十八世
国造布奈臣

十九世
国造布禰臣

二十世
国造意波久臣

二十一世
国造美許臣

二十二世

国造叡屋臣

二十三世
国造帯許臣

二十四世
国造千国臣

二十五世
国造兼連臣

二十六世
国造果安臣

続日本紀元正天皇霊亀二年二月丁巳、出雲国造外従正七位上出雲臣果安、斎竟奏ニ神賀事一、神祇大副中臣朝臣人足、以ニ其詞一奏聞、是日百官斎焉、自ニ果安一、至ニ祝部一、一百一十余人進レ位賜レ禄、各有レ差

伝云、始祖天穂日命開ニ斎於大庭一、至ニ于此一、始移ニ杵築之地一云々

二十七世
国造広嶋臣

聖武天皇神亀元年春正月戊子、出雲国造外従七位下出雲臣広嶋奏ニ神賀辞一、

己丑広嶋及祝神部等授レ位賜レ禄、各有レ差。三年二月辛亥、出雲国造従六位上出雲臣広嶋斎事畢、献二神社劔鏡幷白馬鵠等一、広嶋幷祝部二人進二位二階一、賜二広嶋絁二十疋、綿五十屯、布六十端一、自余祝部一百九十四人、禄各有レ差、天平十年二月丁巳、授二出雲国造外正六位上出雲臣広嶋外従五位下一出雲風土記、国造帯意宇郡大領外正六位上勲業（十二等）出雲臣広嶋

国造家の系譜は、『出雲国風土記』の監修責任者であり、国造兼意宇郡大領であった出雲臣広嶋のところで紹介をとめておく。

さて、ここで問題として取り上げなければならないのは、十一世から十四世までの系譜である。しかも注意すべきことは、平安末の四十六世から後には兄弟姉妹の名も系譜に書きこまれているが、それ以前の各世代はただ相続人の氏名だけでつづられているにもかかわらず、不思議とこの十一世と十四世に限り兄弟の名を並記していることである。この一事をもってしても、この並記されている部分が後世の挿入になるものであることが明らかであろう。

しかも、系譜の注を見るとわかるように、『日本書紀』・『古事記』・『姓氏録』その他の文献によっているが、とくに十一世から十四世までの特異な構成も、つまりはこ

れら傍証となる文献に左右されて、後世、改作したものである。実際、系譜をみるとわかるように、十一世と十二世とには、注記のごとく異称が記されている。例えば「阿多命、亦名出雲振根」というごとくである。なぜこの部分だけに、こうした異称があり、それを記入しなければならなかったのであろうか。端的にいえば、この部分は二つの異なった系譜が重複して記録されている感じがするのである。

十四世の来日田維《きひたすみ》命の名は、『古事記』垂仁天皇の条に、「出雲国造の祖、名は岐比《きひ》佐都美《さつみ》」とみえている。サ行音とタ行音は転訛しやすいもので、これは同人である。もちろん『古事記』の内容をみると、そこには肥河と葦原色許男《あしはらしこお》神や大国主命の名が出て来て、この伝説の地盤を出雲西部に置いているが、これは後の脚色として今しばらく目をつぶって見のがしておこう。そうすると、それ以前の時代の人物として記紀に名を記載されているのは、『日本書紀』の崇神紀六十年の条の出雲振根、その弟の飯入根《いいいりね》と甘美韓日狭《うましからひさ》、飯入根の子の鸕濡渟《うかずくぬ》とである。ところが前述したように、振根によって弟の飯入根は殺され、その振根も朝廷の手で誅され、出雲国は服属した。その後につづく再建の担い手として鸕濡渟が脚光を浴びたわけであるが、彼は神門臣の血統に属しているので、国造家の系譜にはその名前がない。そこで十四世の来日田維命の前で彼に該当すると考えられる氏祖《おおし》命が、鸕濡渟の別名であるとされたのであろう。『姓氏録』には記紀などに載る神名を祖とすることが得策なため、「出雲臣。天穂日命の十二世の孫、鸕濡渟命の後なり」として届けられたのだと思う。そして、そういうことになると、鸕濡渟の父にあたる飯入根と、その兄弟とは十一世としなければならないので、系譜に見られるように「十一世阿多命亦名出雲振根」ということになり、ひいては弟二人の伊幣根《いいいりね》命と甘美韓日狭も並記される結果となったのであろう。

また野見宿禰《のみのすくね》が十四世として、来日田維命の弟となって記載されているのは、前述の岐比佐都美が『古事記』垂仁天皇の条にあり、野見宿禰が同じく『日本書紀』の垂仁紀七年の条にみえることから、同時代のものと考えられ、しかも兄弟であろうということでここに並記されたのであろう。そこで『姓氏録』でも野見宿禰は、天穂日命の十四世の孫となって記録されるようになった。左にこの一族が『姓氏録』にどのように記載されているかを見よう。

A　出雲宿禰。　天穂日命の子、天夷鳥命の後なり（左京神別）。
B　出　雲　臣。　天穂日命の子、天日名鳥命の後なり（山城国神別）。
　　出　雲　臣。　天穂日命の五世の孫、久志和都命の後なり（左京神別）。
C　出　雲　臣。　天穂日命の十二世の孫、鸕濡渟命の後なり（右京神別）。

出　雲　臣。　天穂日命の十二世の孫、宇賀都久野命の後なり（河内国神別）。

D

神　門　臣。　天穂日命の十二世の孫、鵜濡渟命の後なり（右京神別）。

土　師　連。　天穂日命の十二世の孫、飯入根命の後なり（摂津国神別）。

土師宿禰。　天穂日命の十二世の孫、可美乾飯根命の後なり（右京神別）。

土師宿禰。　秋篠朝臣と同じき祖、天穂日命の十二世の孫、可美乾飯根命の後なり（大和国神別）。

菅原朝臣。　土師朝臣と同じき祖、乾飯根命の七世の孫、大保度連の後なり（右京神別）。

秋篠朝臣。　上に同じ。

大枝朝臣。　上に同じ。

凡河内忌寸。　天穂日命の十三世の孫、可美乾飯根命の後なり（摂津国神別）。

E

土師宿禰。　天穂日命の十四世の孫、野見宿禰の後なり（山城国神別）。

土師宿禰。　秋篠朝臣と同じき祖、天穂日命の十四世の孫、野見宿禰の後なり（和泉国神別）。

土師連。上に同じ。

石津連。天穂日命の十四世の孫、野見宿禰の後なり（和泉国神別）。

『姓氏録』では以上の五つに分類できる。この中で野見宿禰の子孫であるD・Eが、祖先を野見宿禰と記すか、あるいは飯入根命としていることは注意すべきである。国造家の出雲臣・出雲宿禰、また直接分かれた神門臣が、天夷鳥命《あめのひなどりのみこと》か鵜濡渟命を祖先とするのに対し、その系統を異にしていることがわかる。この野見宿禰のことは垂仁紀七年にみえているが、国造家との関係については触れていない。

朕聞く、当麻蹶速《たきまのくえはや》は天下の力士なり。もしこれに比《たぐ》う人あるや。一《ひとり》の臣進みてもうさく、臣聞く、出雲国に勇士あり、野見宿禰という。試みにこの人を召して蹶速に当《あわ》せむと欲《おも》うと。その日、倭直の祖長尾市《ながおち》を遣わして野見宿禰を喚《め》す。ここにおいて野見宿禰、出雲より至れり。すなわち当麻蹶速と野見宿禰とに捔力《すまい》とらしむ。

とあり、蹶速《くえはや》に勝ってそのままとどまって朝廷に仕えた。そののち、皇后が崩御されたとき、殉死の代わりに埴輪を立てることを進言し、出雲から土部《はじべ》を呼んで埴輪をつくった功を讃えられて、土部臣《はじのおみ》の姓を賜わった。そして土師連・土師宿禰と変わってゆくが、『続日本紀』光仁《こうにん》朝の天応《てんおう》元年（七八一）六月、土師の称を忌みて菅原姓に改め、引き続いて他の一族も秋篠・大枝と改めたのである。この土師臣の一族の伝えでは飯入根の裔としているので、その点からいっても『国造世系譜』が野見宿禰を来日田維命の兄弟として並記することは間違っていることがわかる。『国造世系譜』は少なくとも十一世から十四世に至る世代では、系統を異にするものを挿入していることは明らかであって、兄弟として並記している伊幣根命・甘美韓日狭・野見宿禰の名は除去しなければならないし、また亦名《またのな》として注記しているもの、すなわち阿多命の亦名出雲振根や、氏祖命の亦名鵜濡渟命の名も無関係なものとして排除しなければならない。

しかし、それら異分子を除去した後の系譜を、国造家の正しい系譜としてそのまま認めるというのではない。出雲国造家の祖神である天穂日命を、記紀は天つ神として皇統の天忍穂耳尊《あめのおしほみみのみこと》と兄弟としているが、これなどは出雲神話と結合するためにとられた処置である。本来の出雲神話では天穂日命を始祖とし、その命令で武日照命《たけひてるのみこと》が神宝を奉持して降臨するという構成になっていたものとみてよい。実際、のちの第二部二節に掲載している出雲国造の神賀詞《かむよごと》の祝詞文には、「出雲臣等が遠祖天穂比命」という表現を用いて、この神が彼ら部族の始祖であったことを明らかにしている。
そして、また崇神紀六十年の条に、「武日照命〔一は云わく、武夷鳥。又云わく、天夷鳥。〕の天より将来《もちき》たれる神宝は、出雲大神宮に蔵む。これ見ま欲しと」と記されているが、これは彼らも他の部族と同じように、日の神の命令によって武日照命が神宝を抱いて天から出雲の地に降臨したという伝承、すなわち天つ神としての伝承を誇りとしてもっていたことを示すものである。そして、天から降臨する武日照命を、雄々しい鳥として形容したことから、天夷鳥命とか武夷鳥命《たけひなどりのみこと》ともいったのであろう。天からの降臨を、空翔る雄々しい鳥のごとくにと形容した出雲族の神話は、彼らの美しい幻想であった。

この武夷鳥・天夷鳥の「武」や「天」は美称の接頭語であるが、「夷鳥」は当て字であって、これは「ヒノトリ」〔日の鳥〕の訛ったものである。本名の武日照命にしても、始祖の天穂日命にしても、ともに天に輝く太陽を祖神として考えていたことを示している。

天皇だけが日の神の子孫ではなかった。あらゆる部族が、宇宙の至高神である日の神の子孫として、日の神から神宝を授かって天降ったという伝説をもっていた。天皇が御位を継ぐことを「天《あま》つ日《ひ》継《つぎ》」というが、それは日の皇子が皇位を継ぐことを意味

神魂神社の本殿

した。そして日の神の地上における具象化と信じられていた火を、相続人が継ぐ儀礼をもって示された。すなわち「火継」である。ところが、出雲国造家では国造の世替りごとに、この火継が古式のまま伝えられて来た。

　出雲国造は八世紀の初頭に、故地の意宇郡大庭《おおば》の地から、現在の杵築の地へ転居した。しかし、大庭の旧屋敷地には別館があって、明治維新まで毎年十一月の新嘗祭のときと、国造世替りの神火相続の儀式のときには、この別館に赴き、神事は別館の上手の丘にまつる神魂《かもす》神社で行なわれた。

　この神魂神社の本殿は火災のため天平十一年に再建されたものであるが、典型的な大社造りを伝えていることから、国宝建造物に指定されている。しかし、どうしたことか、この神社は『延喜式』の神名帳のなかに記載されていない。国造家としてはもっとも重要な儀礼を行なう神社が『延喜式』に洩れていることからみて、少なくとも創建はそれ以後とみてよい[1]。そこで古くは、国造家の邸内で神火相続が行なわれていたものと考えられる。元来、火の神は家の神であり、その神火を相続する儀礼は、当然その家の内で行なわれるべき性質のものである。

国造家が杵築の地へ転居した後も、この神火の儀礼のみは旧地の大庭で行なわれてきたことは注意してよい。この神火相続の儀礼については、幸いに当社の宮司、秋上家に承応《じょうおう》三年（一六五四）など数通の火継之覚書が残っているので、その次第の大略を述べておきたい。

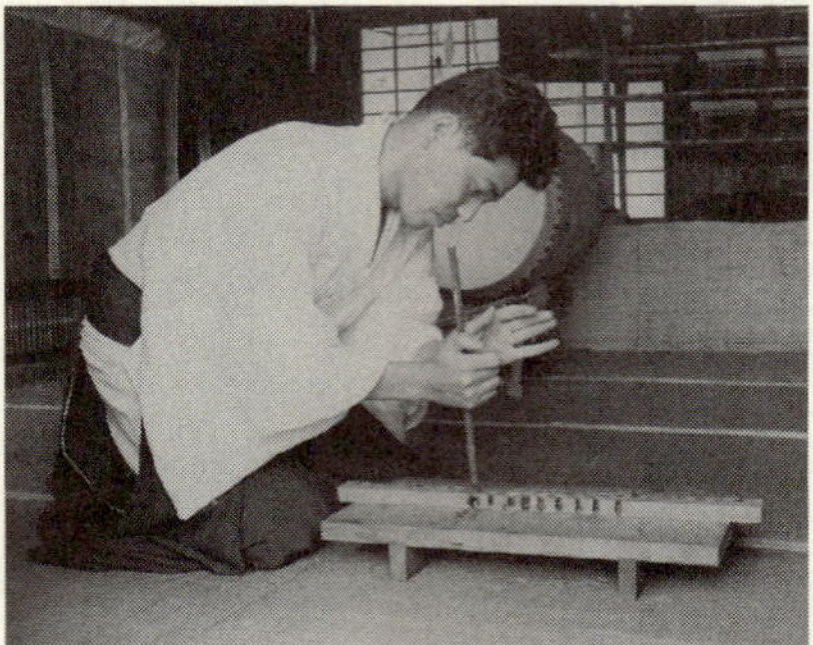

火鑽（火鑽臼と杵）

(1)国造が危篤になると、杵築から神魂社へ使者が立ち、神火相続の準備を依頼する。

(2)国造が死亡すると、喪を公表しないで、生時のごとく衣冠正しく座せしめ、膳部を奉る。相続の嗣子はすぐ裏門から出て、夜を日についで大庭の神魂社へ参向する。
(3)石階《せきかい》の下の手洗鉢《ちょうずばち》の前で駕を東向きにすえて、神主が祓いをし、参籠所に行く。
(4)新国造は拝殿で行水、神主(北島家の世話役)と別火(千家家の世話役)も行水する。このとき国造から湯帷子《ゆかたびら》をつかわす。
(5)新国造は本殿の御戸前で装束し、三十三度の礼拝をする。このとき秋上神主が神秘歌を奏上する。
(6)内殿に入り、神主が火鑽臼《ひきりうす》・火鑽杵《きね》で神火をつくって国造に渡す。そして消えないよう五個の火桶に移しておく。
(7)火継の祝儀として神主へ三百文、別火へ百文賜わる。
(8)洗御供《ごくう》一石・一貫文を供える。
(9)神火相続の終了の旨、杵築へ使者を出す。
(10)杵築ではこの報に接して前国造の葬儀の準備をはじめる。
(11)神魂社では、新国造によって神楽が奉納される。

(12)熊野大社から火鑽板が届く。この火鑽板は神火相続には用いず、湯立《ゆだて》のときと、国造就任奉告祭のときの御供を炊くのに使用する。
(13)御湯立がある。
(14)洗御供三石、三貫文、神主が受け取り、内殿で御供の献上が行なわれる。
(15)新国造への御酒、また歯がための御餅を差し上げる。
(16)新国造による榊葉の舞が長庁で行なわれる。
(17)神魂社の大床で、新国造は鶴山・亀山の角力《すもう》を見物される。社人が三番とる。
(18)国造はお帰りの朝、挨拶のため参拝する。この滞在中は別館には入らず、本殿または長庁にいる。
(19)杵築へ帰り、新国造は長庁で二夜三日の社籠をされる。
(20)新国造の御帰館、このとき前国造を裏門から出して埋葬、新国造は正門から入って就任の祝宴を張る。

以上のごとく、国造は不生不滅なものとの観念から、忌もなく、神火神水が相続されるのである。そして国造は生涯、他の火を用いることを禁じられる。(2)

この神火相続は天穂日命から相伝の秘事といわれているが、それはまさしく「日継」を意味していた。このように、出雲族も日の神の子孫としての出自を誇って来ていたのである。

注

(1) もと神魂神社は神話の比婆山に比定された岩坂村の神納山の麓にあり、伊弉冉命《いざなみ》を祭っていた。そのため古くは比婆社とか伊弉冉社とも呼ばれていたが、後に神納山と山つづきの現在地に遷《うつ》された。当社が『延喜式』にみえないのは、後世に比婆山の設定にからんで創建されたためであるが、鎌倉初期の承久・建長などの文書が残っている。国造みずからが奉祭する神社は熊野大社・黄泉之坂の揖夜社・茶臼山麓の伊弉諾社と当社の四社で、これは神話の影響を受けたものである。こうした事情から後世この社で神火儀礼を行なうように変わったものであろう。

(2) 十一月中卯の日の祭りにも、国造は大庭に赴いて、神魂神社で火を鑽《き》り、神饌を進めて天神地祇をまつり、新嘗祭を行なう。また神火相続した国造が他火を忌んだのは明治維新までで、その後は祭りのときに前夜から斎火殿で斎戒し、火を鑽って食事をととのえ、神事の終了まで他火を禁ずることに改まった。

第二部　出雲神話誕生の秘密

一　出雲神話の担い手

『古事記』や『日本書紀』にみる出雲神話には、いくつもの矛盾がある。その一つは、出雲国の文化が東部の意宇川《おうがわ》の下流域に発し、出雲国造《いずものくにのみやつこ》もそこに住んでいたのにもかかわらず、出雲神話はこの地域のことに触れず、西部の肥河《ひのかわ》（斐伊川《ひいかわ》）を舞台として展開されていることである。しかも、東部地方には考古学的にみても、前期・中期・後期にわたる古墳の分布がみられ巨大墳丘も数多い。これに対し、西部では後期古墳を主体とし、その数においても東部とは比べようもないほど劣り、大型古墳もわずか二つぐらいしか発見されていない。こうした文化の後進地域が、なぜ出雲神話の舞台となったのであろうか。

この出雲西部では、国造《くにのみやつこ》出雲臣《いずものおみ》から分かれた神門臣《かんどのおみ》の一族が、神門川《かんどがわ》の流域に住みつき、文化はこの神門川を中心として栄えていった。肥河の大川の利用は、時代的には後であった。それにもかかわらず、出雲神話は肥河を舞台とし、この神門川のことについても触れていない。そこで、神門川の流域を本貫として居住していた神門臣が、肥河を背景とする出雲神話を伝えたとは考えられない。また国譲りの説話の立役者、大国主神《おおくにぬしのかみ》をまつる杵築《きづき》大社も、神門臣の住地からはあまりにも離れている。

出雲神話が国造出雲臣とも関係なく、また神門臣とも関連性が薄いということになると、一体誰が神話の担い手であったのであろうか。こうした問題から、出雲神話の解明の糸口を手繰《たぐ》っていくことにしよう。

肥河を出雲神話の背景として取り上げた者は、当然に肥河の近くに住む者でなくてはならない。さきに神門郡日置郷《ひおきのさと》を本貫とし、後に東へ伸びて肥河の流域に移り住んだ日置部臣《ひおきべのおみ》の一族のことについて述べた。そして彼ら一族は、肥河が郷の真ん中を貫流する出雲郡河内郷《こうちのさと》にもっとも多く群居するようになり、『賑給歴名帳《しんごうれきめいちょう》』でも日置部臣二十三戸、日置部首四戸、日置部一戸、合計二十八戸がみられるほどである。そして、この河内郷に彼らの手で寺院まで建立した。しかも、この一族は肥河に沿って、さらに塩冶郷《やむや》・出雲郷へと伸びて行ったようである。

郡制が布かれて神門郡・出雲郡に分かれたときには、出雲郡では日置部臣は他の氏族を大きく離した戸数の優勢さを示し、郡の大領《おおみやつこ》の地位をも獲得した。これに反して、神門郡はかつての文化の中心であっただけに、神門臣・刑部臣《おさかべ》・吉備部臣《きびべ》・日置部臣・若倭部臣《わかやまとべ》などが共に優勢な戸数をもって権力を競った。その点、出雲郡は文化の中心から離れていたので権力のある氏族が見当たらず、ただ戸数においては健部臣《たけるべ》が次ぐ程度であった。そして郡領としての大領・少領《すけのみやつこ》の二名をともに同姓で占めることが禁じられていたために、日置部臣は大領となって、少領には『賑給歴名帳』にもその氏名を見ないほどの勢力の低い大臣《おおのおみ》をあてた。しかも政治の実務にあたる主政《まつりごとひと》には、みずからの日置部臣から選んであてたのである。

したがって出雲郡では、日置部臣の権力は独壇場のごとき体を示したといえる。しかも日置部臣の居住地は、出雲郡の中でも肥河に沿ってあったということに注意しなければならない。

さらにここで想起すべきことは、この日置部臣が舎人部《とねりべ》としての御名代であったということである。これについてはすでに第一部四節で述べたが、『出雲国風土記』の意宇郡舎人郷《とねのさと》の条にみえる倉舎人部《くらのとねりべ》で、天皇や皇族の近侍として雑役に仕えた。『風土記』にみえる日置臣志毘《しび》は、大舎人として仕えたとあるが、大舎人は中務省に属し、雑事・宿直《とのい》・供奉《ぐぶ》などをつかさどる職であった。この中務省というのは、侍従の任免・詔勅の布告を取り扱い、宣旨・上表を取り継ぎ、また国史を監修し、さらに考課・位記などをつかさどる役所であった。そうした役所に属し、近侍として雑用に奉仕する者を、朝廷へ送っていた部民であった。

このような事情を知った上で、改めて日置部臣の一族が肥河の流域に住みつき、特に出雲郡では権勢をふるっていたことを考えるならば、肥河を舞台とする出雲神話が、大舎人として朝廷に仕える者を出した日置部臣の人たちに負うものであることがわかるであろう。

ところが、さらにもう一つの有力な線が認められる。それは郡の少領の大臣である。『賑給歴名帳』では出雲郡で健部・漆沼《しつぬ》・河内・出雲・杵築《きづき》の五郷しか記しておらず、宇賀《うか》・伊努《いぬ》・美談《みだみ》・神戸《かんべ》の郷は洩れている。したがって、大臣の一族が『賑給歴名帳』にみえないことをもって、当郡には住んでいなかったと断定することはできないが、たとえ居住していても大した戸数ではなかったであろう。しかし、たとえば楯縫《たてぬい》郡の少領に帰化人の高善史《たかよしのふびと》をあてているように、戸数の上での勢力はなくても、学問のある人物という点で用いられているところをみると、この大臣もそうした部類に入るものと考えられる。

しかも興味深いことは、『古事記』の編者であり、また舎人親王のもとで『日本書

防風林に囲まれた簸川平野の民家

紀』の編纂にも参画したといわれる太安万侶《おおのやすまろ》が、この大臣と同族であることである。少領として京へ上ることも多かったと思うが、そうした機会に一門の太安万侶へ出雲の話を伝えたのかもしれない。

さきの日置部臣とこの大臣とのいずれが出雲神話を紹介する担い手であったか、現在ではもちろんうかがうことはできないが、記紀の出雲神話が肥河を舞台として選んでいるという点において、少なくとも出雲臣や神門臣は考えられず、かえって肥河の流域に住んでいた出雲郡の大領である日置部臣、少領であった大臣のこの二人が、立役者として大きく浮かび上がるのである。

もちろん、出雲郡には語部《かたりべ》も住んでいた。とすると、この語部たちに神話の担い手を求めたくもなる。実際、語部君一戸、語部首一戸、語君一戸、語部二戸が住んでいた。ところが、彼らの居住地は、肥河から離れて宍道《しんじ》湖《こ》に面する健部郷や漆沼郷であった。したがって、彼らが直接の立役者であったとは考えられない。

神門川から肥河の方へ神話の舞台が移る誘因をもたらしたもう一つのものは、大国主神をまつる杵築大社の発展である。もちろんこれには、肥河の流出した土砂によってできた沖積平野、簸《ひ》川《かわ》平野の開発を前提としている。そこで、この簸川平野がどのようにして開かれていったか、その次第を見ることにしよう。

肥河は今では斐伊川と呼ばれ、簸川平野に入ると大きく右折して、宍道湖へ流入しているが、室町のころまでは大津町から左へ曲がり、矢野町へ向けて半円を描いて「神門の水海」に入っていた。この簸川平野の考古学的遺跡について、山本清氏の「遺跡の示す古代出雲の様相」（『出雲国風土記の研究』所収）や、『山陰の歴史』に収録している池田満雄氏の論文によると、縄文時代の遺跡が大社町に集中的にみられ、左表のごとくである。

大社町菱根	早期〜前期（繊維土器）
同　原山（砂丘）	後期
同　杵築大社神域	後期〜晩期（御領式）

簸川平野の縄文遺跡

中でも杵築大社の神域からは、先年大社の拝殿が焼け、その跡から多数の縄文式土器の破片が発掘された。そこで大社から東へ原山《はらやま》・菱根《ひしね》と縄文遺跡を認めるのであるが、しかもこの原山からは立屋敷《たてやしき》式土器も発掘されて、弥生遺跡の存在も確認された。ところが、さらに杵築大社の命主神社境内の大石の下から、銅戈《どうか》が硬玉製勾玉《まがたま》とともに伴出していることは注意すべきで、祭祀遺跡であった形跡がうかがえる。弥生遺跡は矢野にもみられ、ことにその貝塚はヤマトシジミを主とするが、その中からは鹿骨やフグの魚骨、また石斧・石錘・骨牙器なども認められた。さらに南に下がった知井宮多聞院《ちいみやたもんいん》遺跡からは、鉄器の鹿角装刀子《とうす》や、砥石《といし》も出土している。

しかし出雲神話は、それより後の古墳時代に育成されていったものとみてよいであろう。出雲の西部では簸川平野の西南地域の山麓に、後期古墳が集中的に見出される。その中でも二つの大きな古墳が認められる。一つは出雲市の出雲高校の北側にある大念寺《だいねんじ》古墳で、前方後円墳の長さは八四メートル、石室の長さ一三メートル、後期古墳としては、封土においても石室や石棺の内部構造においても、その規模は出雲第一である。その家形石棺には金銅履・刀・馬具類・須恵質土器などが副葬されていた。他の一つは出雲市上塩冶町《かみやむやちょう》の築山古墳で、この円墳の横口式家形石棺二つを納めた切石造りの石室には、金銅冠・刀・馬具類などが認められた。

これら二つの古墳は、その前方の平野に集落をつくっていた支配的権力者の墳墓と考えてよいであろう。そこは、むかしの日置郷・塩冶郷にあたるところである。この西部地方でこれほどの巨大な墳墓を構築する権力者としては、古い名家として神門臣がまず考えられるが、前述したごとく、ここには神門臣があまり住んでいない。それに代わるものとしては、戸数において他の追随を許さないほどの多くを有し、後にはその権勢から出雲郡領にもなった日置部臣が考えられる。しかもこの一族は、これらの郷でも栄えていたのである。(1)

『出雲国風土記』にみる神社の分布状態から、簸川平野の集落の成立の順序をみると、平野の東方では、伊波野《いわの》・直江《なおえ》・今在家《いまざいけ》・東西林木《はやしぎ》・美談にかけて早く集落ができたようである。これに対し、大津から八野を曲がって半円形を描く肥河の南側の平野にも、古い集落が密集している。この区域の南の山麓に古墳が集中的に見られもするので、まずこの肥河の南側の平野が開発されたと思われる。

ところが、ここで問題として取り上げたいことがある。簸川平野の北方の山麓、すなわち大社から遥堪《ようかん》・林木《はやしぎ》を経て美談に至る地域のことである。さきに大社・原山・菱根にかけて縄文・弥生の遺跡のあることを述べたが、あるいはそのころ前方は海であったかもしれない。古い遺跡のある地ではあるが、歴史時代に入ってからの開発は、他より遅れたようである。

そのことを証明する好史料を『出雲国風土記』の神社名をもって示してみよう。『出雲国風土記』に列挙されている神社名には、同名のものがかなり多く見られる。ところが、同名の多い神社が、大社から美談にかけての山麓に、不思議にも集中的に認められるのである。

阿受伎《あずき》社（阿受枳社）　三十八　遥堪
弥太弥《みだみ》社（弥陀弥社）　十三　美談
伊努《いぬ》社（伊農社）　九　西林木
支豆支《きずき》社　八　大社

右は数の多い順に並べてみたが、これらがすべて平野の北方山麓に属していることは注意してよい。しかもこのほかに、大社で今は境内神社となっているのが四社、さらに大社町赤塚の付近に山辺社というのが三社、また伊奈佐乃社（稲佐浜）も数の中に加えるとなると、大社地域だけでも計十六社となる。ところが『風土記』の杵築郷の条に、八束水臣津野《やつかみずおみつぬ》命の国引き給いし後、天の下造らしし大神の宮奉《つか》えまつらんとして、諸の皇神《すめがみ》等、宮処に参集《まいつど》いて、杵築《きづ》きたまいき。故《か》れ寸付《きづき》という。〔神亀三年に字を杵築と改む。〕

とあって、宮を築いたことからの社名であると解釈しているが、『風土記』の社名がほとんど地名で呼ばれていることから判じて、この支豆支《きずき》（杵築）もこの地域の称であったとみてよい。そして、さきに挙げた伊努《いぬ》社も今では西林木となっているが、『風土記』では伊努郷とみえている。ただ遥堪地域にあった阿受伎《あずき》社が地名であったかどうか考証のしようがないが、阿受伎《あずき》・支豆支《きずき》と同じ語呂のものが地域的に並んでいるだけに、地名であったとみてよいのではないかと思う。

さて問題は、なぜ平野北方の山麓にかぎって、同名の神社が数多く並記されているかということである。同じ地域にたくさんの神社を建てているということは、各地から集まった人がいくつもの小さい集団をつくって、開拓に従事していたことを示すものである。しかも普通であれば、時代の経過とともに村落の構成も整い、それにともなって散在していた神社も合祀統合されて行くものである。たとえば、最も数の多い阿受伎社にしても、三十八社もあったものが、いまでは大社町遥堪に一社となって残っているだけである。ほとんどはそこの阿式《あじき》神社と杵築大社に合祀された。こうした事情から考えてみても、これらの地域の開発が新しいものだといえる。中でも大社町の地域に、この種の神社の多いことは注意すべきことである。

『賑給歴名帳』には、問題の美談郷と伊努郷とが欠けているが、幸いに杵築郷は記されているので、集落を構成していた氏族の名を調べてみよう。

杵築郷高年已下不能自存已上　惣伍拾玖人、賑給穀弐拾玖斛壱斗八十歳四人、鰥四人、寡卅九人、惸一十人、
合五十七人〃別五斗、不能自存二人〃別三斗
鰥因佐里戸主品治部奈理年六十
戸主額田部堅石□額田部忍尾年六十七
戸主海部刀良□若倭部富曾年七十六
戸主若倭部木足年七十三
寡戸主海部鳥麻呂□若倭部奈枳売年六十六
戸主若倭部麻呂□若倭部馬売年五十六

戸主神奴部広□神奴部加佐売年□

同□神奴部麻丑良売年五十三
同□神奴部悪多売年六十七
同□鳥取部当津売年六十九
戸主鳥取部諸石□鳥取部諸売年六十九
同□建部少提年六十八
同□鳥取部丑牟自売年七十六
戸主鳥取部勝来□鳥取部広売年六十九
同□神奴部飯津売年七十八
同□若倭部売豆売年六十五
戸主神奴部床麻呂□鳥取部米豆売年六十四
戸主神奴部歳尾□鳥取部女津女年六十六
同□神奴部多売年五十八
戸主海部馬依□神奴部飯売年六十九
戸主若倭部黒井□若倭部舌荒売年七十八
同□鳥取部故売年七十一
戸主津嶋部鳥麻呂□海部加佐売年五十二

同□神奴部板部売年七十八
戸主神奴部麻呂□海部坂売年五十九
戸主若倭部馬代□若倭部売胡売年六十二
惸戸主鳥取部勝来□建部玉依売年十二
戸主神奴部歳尾□大伴部牛麻呂年七
同□大伴部床売年十四
戸主海部馬依□海部真虫売年十五
戸主額田部依馬□額田部手嶋売年十六

右のように杵築郷では、八十歳以上の高年者が四人、やもお（鰥）四人、やもめ（寡）三十九人、独り者（惸）十人、そのほか不能自存者二人となって、合計五十九人が賑給の対象として列挙されている。ところが、右の表では点線の個所が欠文となって、実際には鰥四人、寡二十二人・惸五人しか記されていないので、点線のところで差引二十八人の名が脱落しているわけである。そして里の名も因佐里（稲佐）だけがみえるが、点線のところで一里か二里が落ちているものとみてよい。

さて、右の記録では戸主名も列挙されているので、これを戸主別に分類すると、左のように七氏族・十七家族となる。下段は戸主の名前である。

因佐里

品治部	奈理	一戸
額田部	堅石	一戸
海　部	刀良・鳥麻呂	二戸
若倭部	木足・麻呂	二戸

○○里

神奴部	広・床麻呂・歳尾・麻呂	四戸
鳥取部	諸石・勝来	二戸
海　部	馬依	一戸
若倭部	黒井・馬代	二戸
津嶋部	鳥麻呂	一戸
額田部	依馬	一戸

一郷五十戸とすると、右の十七戸はその三分の一にあたり、杵築郷の全戸数ではな

いが、それでも大体のことはわかるはずである。

ところで、ここで他の郷と比較して気づくもっとも大きな差異は、この杵築郷に限って、臣《おみ》・直《あたい》・首《おびと》などの姓《かばね》をもつ家が一戸も見あたらず、すべてが部民であることである。

もちろん三分の一の戸数で、全体を律するわけにはいかないが、同じ条件で列挙されている他郷では、一般に姓をもった家の方が多い。たとえば出雲郷では姓のあるもの十六戸、これに対して部民は六戸であり、漆沼郷でも二十一戸に対して部民は十戸に過ぎない。同じ郡内の郷でさえ、このように姓をもつ戸数が多いのにもかかわらず、杵築郷に限ってそうした家柄の者がなく、なぜすべてが部民なのであろうか。たとえ全戸数の出自が判明したとしても、姓のある家の数はまことにわずかであろうと思う。

しかも特に留意しておくべきことは、天平《てんぴょう》十一年のころでも『賑給歴名帳』に部民の名しか記されていないことである。そのことは、その地の開拓のために部民を行かせたものの、農耕が定着するほどの段階にまだなっていないことを示している。つまり新開地として年代が浅く伴造《とものみやつこ》としての家筋の者がここに移り来て住むほどの整った集落になっていないことを物語っている。(2) さきに述べた同名の神社が多いこと、すなわち一地域に多数の神社が散在していることも、まだ未完成な集落であることを示すものである。

そこで、肥河の南側の地域は、神門川の流域に栄えた古い各氏族の手で早くから開発され、多数の古墳をつくるほどの経済的富を人びとに与えた。これに反して、肥河の北側の地域、中でも大社から美談にかけての山麓平地の一帯は、ことに開発が遅れた。そして前述したように、天平の時代に入ってもまだ未完成な集落であった。こうした土地の一角に、どういう理由で、またいつ杵築大社がつくられたのであろうか。

大社やその近くには縄文遺跡があり、とくに杵築大社の境内地から弥生時代の祭祀遺跡も見つかっている。その住居が歴史時代へつながっていたかどうかについては確かめがたいが、この大社付近からは古墳が一つも見つからないことからいっても、大社付近は改めて新しく開発されたように考えられる。しかし、それはさておくとしても、古代人が神の鎮まります場所として考えた大社の地に、歴史時代の人も杵築の社をそのところに選定した。海にも近く、背後に適当な聖林を負っていることが、人びとの心をひきつけたのであろう。だが、支豆支社と呼ばれた数多い神社の中から、現在の杵築大社をとくに取り上げ、しかも大国主神の社であるとした人物は、一体誰であったのであろうか。

さきに示した『賑給歴名帳』の杵築郷のなかに、権勢ある氏族の名でもみえておれば、少しの見当がつくかもしれないが、すべて部民であるので決め手となるものを見つけることができない。またそこには七種類の部しか挙げていないが、この地域が新しく開発され、しかも数多くの小集団をつくって入植し、各々が神社をもって宗教的・社会的活動の基盤としていたことを考えると、もっともっと多くの氏族がここに入植し、新しい天地を夢見ていたと思われるのである。そして権力のある氏族は、あちらこちらに部民を分けて入植させたであろう。

一一一頁の表の中からは、神門・出雲両郡で権勢をもっていた神門臣が四戸の部民を、若倭部臣が同じく四戸の部民を杵築の地の開拓のために入植させているのがわかる。一般に権勢ある氏族ほど開発に力を入れたと思うが、この二氏族はともに神門郡内での権力者である。

海部は三戸みえるが、宍道湖に面した漆沼郷に海部首がみえ、また意宇郡司の主帳《ふみひと》の名にみえる海臣も同じ系統かと思われるが、彼らは海岸で漁撈にたずさわり、この農業的開発とは関係がなかったものとみてよい(3)。鳥取部は二戸であるが、神門郡に鳥取部臣、出雲郡健部郷に鳥取部首がみえるので、その勢力の入ったものであろう。同じ二戸みえる額田部《ぬかたべ》は二郡ではここだけに名をみるものであるが、大原郡の少領が額田部臣であるので、たぶん他郡からここに入植したのであろう。同じ傾向のものとして津嶋部が一戸あるが、中臣氏の系統と思われる津嶋直の勢力がどこから入ったのか不明である。品治部も二郡内では部民しかみられないが、仁多《にた》郡司の主帳の名に認められるので、学問のある者があるいは仁多郡に住んでいたかもしれない。

以上は『賑給歴名帳』に記されている七つの部だけについて戸籍調べをしてみたのであるが、この北部山麓地域に限らず、簸川平野全体の開発には、各地から部民を入植させては土地の私有を図っていたものと思われる。この簸川平野を占める美談郷・伊努郷の氏族構成をうかがうことができないので残念であるが、開発の新しい杵築郷内の史料を知ることができたことは、やはり大きな収穫であるといえよう。

だが、このように新しい開拓地に、出雲神話の立役者である大国主神をまつる神社を、古くから建てて信仰の的としていたとは考えられない。

もちろん再三述べたように、この大社の地には弥生時代の祭祀遺跡がある。そこでその当時はその背後の山を神の鎮まるところとして、信仰の対象にしていたことは認めなければならない。しかし、その聖地を継承するのには時代的な断層があったとみてよい。この新しい開拓者たちは、この地がかつての聖地であったことを知っていなかったのだと思う。たとえこの大社の地に住み続けていた人があり、小さいながらにも集落が存続していたとしても、その聖地はただその集落の人たちだけの崇拝地であって、全出雲の人びとの信仰の対象となっていたものでは決してなかったといえる。それが出雲神話の中心的神をまつる神社として発展したのには、そうすることができた理由があったはずである。

　大国主神という名は、『古事記』および『日本書紀』一書が用いている神名である。『日本書紀』本文は大己貴《おおなむち》神と用い、『出雲国風土記』は大穴持《おおなもち》命と記している。このほか大穴牟遅《おおなむち》神ともいうように、この「なむち」は「なぬし」〔地主〕の転訛で、『古事記』の大国主神はそれを意訳した名称である。すなわち、大地主神を意味するものであった。もちろんこの神は、簸川平野の開発の守護神としてまつられたものである。だが、そのまつられた時代はいつであったか、ということがまず問題である。

　前述もしたごとく、肥河が大津から左折して、八野を曲がって「神門の水海」に入る半円形の内側、すなわち郡制が布かれた時には神門郡塩冶・八野・高岸の各郷となった平野の部分は早く拓かれた。またその時に地主神をまつったとしたら、肥河の南側の内であったはずである。ところが、開発がさらに肥河を越えて、その北側の平野にまで及ぶようになったとき、海にも近く聖林を背後にもつ現在地に、地主神がまつられるようになったものと考えられる。

しかし、その神は簸川平野の開発を守護するもので、出雲国全土の守護神としてまつったものではない。それだけに杵築大社の発生は、簸川平野の開発と関連したものであり、その信仰も地域的に簸川平野に限られたものであった。しかもその初期においては、開発の遅れていた平野北方山麓の開拓を守護するための神であったであろう。

そうした点からいって、たとえば宗像《むなかた》神社・日前《ひのくま》神社・鹿嶋神宮、さらには地元の熊野神社などのごとく、その地の部族の成立とともに発生し、発展していったものとは種類を異にするものである。杵築大社はただ簸川平野の開発の守護神としてつくられたものである。そして創立の時代も、これまでの考証で理解されたことと思うが、この地方が開発されることになったときである。そして、それはたびたびいうように、天平の時でもまだ部民だけを住ませて耕作にあたらせていたほどの新開の地であることから考えて、天平からあまり遡らない時代であったと思う。では、その年代を、誰が創立したかという問題と合わせて考えてゆくことにしよう。

注

(1) 出雲西部の出雲・神門両郡で、日置部臣の一族はもっとも多い戸数を占めていたが、東部の意宇郡でも第一部四節で示したように、山代・舎人・山国の各郷と出雲神戸にわたって広く居住していたことからみて、日置部一族の勢力は相当に大きなものであったとみてよい。神門臣は名門ではあったが戸数は少ない。そこで巨大古墳は新興勢力の日置部臣のものとみてよいかと思う。

(2) 『賑給歴名帳』でみると、部民だけの郷は杵築郷のほかに伊秩郷がある。この郷は『出雲国風土記』では余戸里と記されているものである。山国の未開地が部民によって開かれるのは当然であるが、杵築郷もこれと同じ性格を示している。

(3) 海部について、『出雲国風土記』の出雲郡の産物の条に、「鮑《あわび》は出雲郡尤も優れり。捕らうる者はいわゆる御埼の海子《あま》これなり」と記されていることでわかるごとく、杵築郷の海部が鮑採りに従事していたことがわかる。

二　杵築大社の創建者

『出雲国造《いずものくにのみやつこ》世系譜《せけいふ》』の第二十六世、国造果安臣《はたやすのおみ》のところには、「伝にいう、始祖天穂日命、大庭《おおば》に開斎し、ここに至って始めて杵築《きづき》之地に移る云々」と傍記されている。この果安は和銅《わどう》元年（七〇八）に国造となり、養老《ようろう》五年（七二一）まで十四年間その位にあった。昔から住みついてきた意宇郡《おうのこおり》大庭の地から、彼の在職中に出雲郡杵築の大社のある土地へ転居したのである。意宇郡は神郡であり、神主でもある国造は熊野神社に奉仕する役目を負うていたのに、何のために新しい杵築大社をまつりにわざわざ転居までしなければならなかったのであろうか。

しかも、さらに見落としのできない重要な事柄がある。それは意宇郡の大領《おおみやつこ》の重職を国造が兼務していたことである。国造がこの大領の地位から退いて杵築へ移ったのではない。意宇郡の最高の地位にある大領の職にとどまりながら、杵築大社に仕えるために住居まで移したのである。国造が意宇郡大領を兼務することを解かれたのは、三十二世の国造のとき、約八十年余も後の延暦《えんりゃく》十七年（七九八）のことであった。そんなにも長期間にわたって、国造は意宇郡大領でありながら意宇郡には住まず、杵築大社へ奉仕するために、杵築の地に住み続けていたのである。こうしたことが果たして許されるのであろうか。

意宇郡の大領の地位にありながら、遠い出雲郡の杵築へ居を移して住みつくことは、国造自身の勝手にはできないはずである。郡司《こおりのつかさ》を監督するものとして、朝廷から派遣されている国司《くにのつかさ》がその上にあり、また朝廷からは巡察使も事に触れては訪れているので、朝廷や国司の了解がない限りにおいては、国造の身勝手な転居は許されるべきものではない。それにもかかわらず、意宇郡大領は名のみで、杵築へ移って大社の神事に専掌するようになったのには、そうした無理が可能であった事情があったものとみなければならない。では、あえて許される事情とは一体何であったのであろうか。

その問題に入る前に喚起しておきたいことがある。さきに示した天平《てんぴょう》五年（七三三）の『出雲国風土記《いずものくにのふどき》』と、同十一年（七三九）の『賑給歴名帳《しんごうれきめいちょう》』による考証で明らかにされたように、この天平年間にはまだ杵築は新開地で、部民だけが農耕に従事していた土地柄であった。国造が杵築へ移ったのはそれから十余年ほど前となるので、さして大きな違いはないとみてよい。そうした新開の一寒村へ、国造であり大領であるものが、なぜ移り住まねばならなかったのであろうか。もちろん杵築大社の神事を

杵築大社

専掌するためであったが、それほどまでにして杵築大社へ奉仕しなければならない必要性が生じたのであろうか。

　これにはいくつかの解釈が考えられる。その一つは、杵築を含む簸川《ひかわ》平野北部の新開地へ各地の勢力ある氏族が開発のために部民を送りこんだが、国造出雲臣もそのなかに加わっていた。そして開発が進むにつれて、経済的地盤を確保するために国造家が移住して来て、杵築大社による宗教的勢力をも把握しようとした。しかし、この解釈の致命的な点は、国司も朝廷もこのような国造家個人の野心のために、意宇郡大領の重職を放置したまま転居するということを、絶対に許すはずがないという点である。

　これに対して第二の考えは、平野北部の開

発が国の方針でなされた場合である。大化改新の詔《みことのり》で、皇族や豪族の私有する土地人民は廃止されて班田収授が実施されたが、畿内から手をつけられたこの新制度も思うようにはいかなかったとみえて、天智《てんじ》天皇三年（六六三）には氏上《うじのかみ》・民部《かきべ》・家部《やかべ》などが定められた。しかし天武《てんむ》紀四年（六七六）には、「詔していわく、甲子の年、諸氏に被給《たま》いし部曲《かきのたみ》は、自今以後みな除《や》めよ」とみえているので、この後は私有地が廃止されたようである。しかし荒蕪地《こうぶち》に対しては、朝廷の許可を得て開拓して私有することができた。

また国家的に開発されることもあった。この場合は一般にある豪族に対して開発を委ねた。杵築の地がこうした方針によって開発されたものであったとしたならば、しかもそれを国造出雲臣に委ねたとしたならば、その地に開発の守護神である大地主神をまつり、開発の成果をまって杵築へ転居したものと考えられる。しかしこの場合でも、転居しなければならないほどの理由は薄弱である。またそうした統制のもとで開発が行なわれたものであるならば、杵築大社の一社があればよいわけで、五十余も散在する小社の群生は起こらなかったはずである。さらに『賑給歴名帳』の氏族別をみても、出雲臣の部民はみえず、各氏族の部民が入りこんでいることである。もちろん、この記録外に出雲臣の部民もいたかもしれないが、その数において他を圧するほどの絶対数ではなかったと考えられる。

神門郡《かんどのこおり》に比して出雲郡の開発は遅れていたので、大領の日置部臣《ひおきべのおみ》が平野北部の開発を企図したとも考えられる。だがその場合でも、不都合な条件は前と同じである。さらにその上に、杵築大社をまつるためとはいえ、なぜ国造家を迎え入れなければならなかったかという疑問については、解釈しかねるものである。

そこで方向を変えて考えてみたいと思う。まず国史編纂事業の始められた天武朝から以後の歴史を、略記してみよう（一二五頁参照）。

国造が意宇郡から杵築へ転居したのは、二十六世の果安の時代である。この国造果安は和銅元年（七〇八）に任じられ、養老五年（七二一）までその職にあったので、転居はこの十年余の間の出来事である。ところが、この間の和銅五年（七一二）に『古事記』が、養老四年（七二〇）に『日本書紀』が編纂されていることは見逃せないことである。というのは、この記紀の成立によって、出雲神話の内容が決定をみたからである。

しかもその出雲神話とは、前述もしたごとく、出雲の東・西の豪族、意宇川流域に居住した国造出雲臣や、神門川流域に住む神門臣とは関係なく、肥河《ひのかわ》を背景とし、下流の簸川平野の大国主神《おおくにぬしのかみ》を中心とするものであった。また祖神も意宇川の上流にまつられていた熊野大神ではなく、後に考証するが神門川の上流にまつられていた須佐之《すさの》男命《おのみこと》を、あえて肥河の上流に天降る神として取り上げているものであった。しかも、その神話の素材を朝廷の神話作成者に提供した者は、国造でもなく、古い豪族の神門臣でもなく、出雲郡の大領となった日置部臣か、少領《すけのみやつこ》の大臣《おおのおみ》の一族であったと思われる。彼らは肥河の流域に住むものであった。

したがって、『古事記』や『日本書紀』に出雲神話として載せられた内容は、出雲国造にとっては予想もしなかった驚きであったと思われる。往古から出雲族の大神であった熊野大神の名もみえないし、本貫である意宇川流域に因《ちな》んだ説話も記されていない。それに代わって簸川平野の新開地の開発の神としてまつられた大穴持《おおなもち》命（大地主命）が、『古事記』では翻訳されて大国主神と呼ばれ、国譲り説話の主人公となっていたのである。これに対し、須佐之男命は神門川の上流、須佐の地の説話にみる神ではあったが、大蛇退治のこの説話は舞台を肥河に変えられていた。この二つの説話が記紀にみる出雲神話の二大中心をなすものであるが、ともに出雲国造と関連をもつものではなかった。

どういうわけで出雲国造や、それに関係する古い出雲族の説話が取り上げられないで、彼らにとっては予想だにできなかった内容のものが出雲神話として構成されたか

年号	西暦	事項
天武　十年	六八二	帝紀および上古の諸事を記し定めしむ。
持統　五年	六九一	大三輪氏以下十八氏にその祖の纂記を上らしむ。
文武慶雲　三年	七〇六	出雲国造兼連（二十五世）意宇郡大領を兼職。
元明和銅　元年	七〇八	出雲国造果安（二十六世）就任。
〃　五年	七一二	太安万侶が古事記を撰上す。
〃　六年	七一三	諸国に風土記を上らしむ。
〃　七年	七一四	紀清人・三宅藤麻呂をして国史を撰ばしむ。
元正養老　四年	七二〇	舎人親王・太安万侶など勅撰の日本紀三十巻を奏上す。
〃　五年	七二一	出雲国造広嶋（二十七世）就任。
聖武天平　五年	七三三	出雲国風土記を撰上す。
〃　十八年	七四六	出雲国造弟山（二十八世）就任。
桓武延暦十七年	七九八	出雲国造人長（三十二世）の大領兼職を解かる。

については、後で詳しく考証するつもりである。だが『古事記』となり、『日本書紀』となって、出雲神話の内容が決定づけられた上は、微力な一地方の国造であり郡領にすぎない出雲臣が、それに文句をつけることはできない。いや、それよりも、かつての一国の主権者としての地位を失って、朝廷から派遣された国司の下で郡領をつとめる身となっている出雲臣にとっては、出雲神話の是非よりも、今後その神話を通じて自己の地位の安泰をいかに計るかが、当面の関心事であったであろう。

新しく作られた出雲神話、そこには出雲を代表する祖神としての須佐之男命が、皇室の祖神である天照大神《あまてらすおおみかみ》の弟となっており、須佐之男命が大蛇から得た草薙剣《くさなぎのつるぎ》は、皇室の三種の神器の一つとなり、また大国主神の国譲りによって天孫降臨が行なわれ、水穂国の国作りの大神とされている神話そのものは、出雲族にとっては予期しなかったよろこびであったであろう。神話が示す朝廷と出雲族との密接な関係をこそ今後生かすことによって、身の安泰と発展とを計ろうとしたものとみるべきである。

そうした保身策の一つとして現われたのが、国造の杵築への転居であったと解される。それは天孫降臨の前提となる大国主神の国譲り説話を裏付けるために、稲佐の浜の近くに大国主神をまつる大社を建てる必要があった。それ以前にあっては、部民しか住んでいないこの新開地に、国譲りをするほどの大神の大きな社があったとは考えられない。この大国主神をまつる大社の創建を、国造はその大神の子孫であるといって朝廷に願い出、朝廷でもその創立は当然計画されるべきものであったから、その許可によって国造が杵築に赴き、かくして杵築大社の創建となったものと考えられる。もちろんその時には、『出雲国風土記』にみえる名の支豆支《きずき》社と呼ばれていたものの中の一つが選ばれたであろうし、またこの大社創立を契機として、地主神の属性から、大国主神という偉大な神格へと発展させられたとみてよかろう。

こうした出雲神話の裏付けとして、その社を建てその神をまつる役目を朝廷から許され認められたがために、意宇郡の大領という重職を他方でもちながらも、あえて杵築の地に転居して、大社に専掌することができたのであろう。そして、国造は意宇郡の大領という地位にありながら、身は四十キロも遠く離れた出雲郡の杵築の地に置いて、ひたすら杵築大社に奉仕した。こうした常識では許されない処遇があえて許されたのは、一に出雲神話を裏付けることによって、皇室中心の記紀神話の正当性を示す必要があったからである。

しかし実際の問題として、意宇郡の最高責任者である大領を遠く他郡に住まわせて、行政の実務につかせないことは、郡行政の上では不便なことであった。ところが幸いなことに、意宇郡は神郡とされて、そのため父子兄弟から大領・少領をともに選ぶことが許されていた。『出雲国風土記』にもみえるように、意宇郡だけは大領・少領とも出雲臣から出ている。そして国造が大領を兼職しているのであるが、これは本来、国造が熊野神社の神事をもつかさどる必要から、補佐役として一族の者から少領を出すことが許されていたのである。

しかし、国造が意宇郡に居住していて、熊野神社に奉仕するとともに、杵築大社へも出向いて神祭を行なうのならば、別にさして不便はなかったであろうが、出雲神話の主役を勝ちとった大国主神に奉仕することが第一義となって、居住地まで杵築へ移した以上、意宇郡の行政の面では支障があった。そこで、大郡には大領・少領・主政《まつりごとひと》が各一名、主帳《ふみひと》二名という規則にもかかわらず、意宇郡では主政林臣、擬主政出雲臣とあって、主政が二名に増員されている。この郡司定員の例外は、大領の不在を補う処置としてとられたものと考えられる。だが、こうした不合理も案外長く許されていて、国造の大領兼職が解かれるに至ったのは、ずっと後の延暦十七年（七九八）のことであった。その事情を『類聚三代格《るいじゅうさんだいきゃく》』に載る太政官符によってみよう。

太政官符

応レ任二出雲国意宇郡大領一事

右被二大納言従三位神王宣一偁。奉レ勅。昔者国造郡領《こおりのみやつこ》職員有レ別。各守二其任一不二敢違越一。慶雲三年以来令三国造帯二郡領一。寄二言神事一動廃《すつ》二公務一。雖三則有二闕怠一、而不レ加二刑罰一。乃有二私門日益一不レ利二公家一。民之父母還為二巨蠹一。自今以後、宜下改二旧例一国造郡領分レ職任上レ之。

延暦十七年三月廿九日

これでみると、国造が意宇郡大領を兼職したのは文武《もんむ》天皇慶雲《けいうん》三年（七〇六）が始まりであり、約九十年間兼職が認められていて、桓武《かんむ》天皇延暦十七年（七九八）に兼職が解かれたことがわかる。しかもその理由としては、神事にことよせて、ややもすると公務を廃《す》てることが挙げられている。意宇郡大庭の国造旧屋敷には、明治の御代まで別館が設けられていて、熊野神社の神祭のときや、郡の重要な会議などには、杵築から帰って別館に泊まり、その役目を果たしていたのであろうが、杵築大社の隆盛になるにつれて、とかく公務がおろそかになり、大社経営に専念するようになったのであろう。

ところが、さらにここで考えてみる問題がある。それは杵築大社の創建ならびに国造の杵築への転居は、二十六世の国造果安の時代であるが、それを促したのは『古事記』の編纂成立であったか、『日本書紀』であったかということである。『日本書紀』は養老四年五月に奏上されたので、果安はその後半年か一年は生存していた。そこで、その間に転居して杵築大社の創建にかかることも可能である。『日本書紀』が勅撰書であるだけに、書紀の成立を契機として、杵築大社の創建が行なわれたものとみるのが、もっとも妥当な線のように思われる。

ところが、もう一つの有力な線も考えられる。それは出雲国造が朝廷に出向いて神《かむ》賀詞《よごと》を奏す恒例のことが、元正《げんしょう》天皇霊亀《れいき》二年(七一六)二月に始まり、『日本書紀』の世に出る前四年、『古事記』の後四年にあたっていることである。『日本書紀』の成立以前に、この神賀詞が行なわれたということは、注意しなければならないことである。

というのは、国造が死亡すると、新国造は国司に連れられて朝廷に赴き、国造としての認知とともに位階を授かる。そして帰国し、潔斎して後、再び京に上り、出雲神話の国譲りを内容とした神賀詞を奏上することになっていた。この神賀詞の奏上のことが、『続日本紀《しょくにほんぎ》』の霊亀二年二月の条に初めてみえるのである。

しかも、その後の各代の国造の神賀詞が、国造相続の三、四年後に行なわれているのにもかかわらず、この果安は和銅元年(七〇八)に国造を相続し、それから八年も後の霊亀二年に神賀詞を奏上していることからみても、この国造果安のときに神賀詞が始められたものであることがわかるであろう。

参考までに初期の国造の相続年次と、神賀詞奏上の年号を左に記してみよう。[1]

国造名	年号	西暦	事項	天皇
果安	和銅元年	七〇八	国造相続	元明
	霊亀二年二月	七一六	神賀詞奏上	元正
広嶋	養老五年	七二一	国造相続	〃
	神亀元年正月	七二四	神賀詞奏上	聖武
弟山	天平十八年三月	七四六	国造相続	〃
	天平勝宝二年二月	七五〇	神賀詞奏上	孝謙
益方	天平宝字八年正月	七六四	国造相続	淳仁
	神護景雲元年二月	七六七	神賀詞奏上	称徳
国上	宝亀四年九月	七七三	国造相続	光仁
	欠			
国成	延暦元年	七八二	国造相続	桓武
	延暦四年二月	七八五	神賀詞奏上	〃
人長	延暦九年四月	七九〇	国造相続	〃
	延暦十四年二月	七九五	神賀詞奏上	〃

表からもわかるように、果安だけが国造相続の八年後に神賀詞を奏上し、その後は一般に相続の三、四年後に奏上している。こうした点からも、この神賀詞の儀礼が果安のときに始まったものであることがわかる。ところが、さらに注意すべきは、果安国造のときには中臣朝臣を通して奏聞している事実である。『続日本紀』霊亀二年二月の条に、

出雲国国造外正七位上出雲臣果安、斎《い》み竟《おわ》って神賀事を奏す。神祇の大副中臣朝臣人足その詞を以て奏聞す。

とみえているごとくである。ところが、その二代後の弟山《おとやま》国造のときには、天皇が大安殿に出御され、そこで神賀詞が奏上されている。弟山国造の神賀詞を奏上した天《てん》平勝宝《ぴょうしょうほう》二年二月の条を『続日本紀』によってみると、

天皇、大安殿に御す。出雲国造外正六位上出雲臣弟山、神斎賀事を奏す。

とある。(2) こうした事実から判じて、初めて果安国造が神賀詞を奏上したときは、朝廷

からの要求があってのことではなく、国造みずからの希望によったものとみてよかろう。そして、それがしだいに儀礼化し、しかも皇室の主権を保障する記紀神話に則っているものだけに、天皇も出御されて奏上を聞くようになっていったものと考えられる。

その後、『貞観儀式』や『延喜《えんぎ》式《しき》』によって、出雲国造の神賀詞の奏上の儀礼がこまかく規定され、制度化されていくようになった。まず神賀詞を左に紹介しよう。

出雲国造神賀詞

八十日日《やそかび》は在れども、今日の生日《いくひ》の足日《たるひ》に、出雲国の国造姓名、恐《かしこ》み恐みも申し賜わく、挂《か》けまくも畏《かしこ》き明御神《あきつみかみ》と大八嶋国知食《しろしめ》す天皇命《すめらみこと》の手《た》長《なが》の大御世と斎《いわ》うとして、出雲国の青垣山の内に下津《しもつ》石根《いわね》に宮柱太敷《ふとし》き立て、高天原に千木高知《たかし》り坐《ま》す伊《い》射那伎《ざなぎ》の日真名子《ひまなご》、加夫呂伎《かぶろぎ》熊野大神櫛御気野命《くしみけぬのみこと》、国作り坐《ま》しし大穴持命、二柱の神を始めて、百八十六社に坐す皇神等《すめがみたち》を、某甲《それがし》が弱肩に太襷《だすき》取り挂《か》けて、伊都幣《いつみてぐら》の緒《お》結び、天乃《あめの》美賀秘《みかひ》冠《かがふ》りて、伊豆《いず》の真屋《まや》に麁草《あらくさ》を伊豆の席《むしろ》と刈り敷きて、伊都閉《いつへ》の黒益し、天乃瓱和《みかわ》に斎《い》みこもりて、志都宮《しずみや》に忌《い》み静め仕え奉《まつ》りて、朝日の豊栄登《とよさかのぼり》に、伊波比《いわい》の返事《かえりごと》の神賀吉詞《かむほぎのよごと》、奏し賜わくと奏《まお》す。

高天の神王《かみのみおや》、高御魂《たかみむすび》・神魂命《かみむすびのみこと》の、皇御孫命《すめみまのみこと》に天下大八嶋国を事避《ことさ》り奉りし時、出雲臣等が遠祖天穂比命《あめのほひのみこと》を、国体《くにかた》見せに遣わしし時に、天の八重雲を押し別《わ》けて、天《あま》翔《か》けり国翔けりて、天下を見廻《めぐ》りて、返事《かえりごと》申し給わく、豊葦原《とよあしはら》の水穂国《みずほのくに》は、昼は五《さ》月蠅《ばえ》如《な》す水沸《みなわ》き、夜は火瓮《ほべ》如《な》す光《かがや》く神在り。石根《いわね》木立《きねたち》青水沫《みなわ》も事問いて荒ぶる国なり。然れども鎮め平《む》けて、皇御孫命に安国《やすくに》と平《たいら》けく知《しろ》し坐さしめんと申して、己《おのれ》命《みこと》の児天夷鳥命《あめのひなどりのみこと》に布都怒志命《ふつぬしのみこと》を副《そ》えて、天降し遣わして、荒ぶる神等を撥《はや》い平《む》け、国作らしし大神をも媚《こば》い鎮めて、大八嶋国の現事《うつしごと》顕事《あらわごと》、事避《ことさ》らしめき。乃ち大穴持命の申し給わく、皇御孫命《すめみまのみこと》の静まり坐さん大倭国と申して、己命の和魂《にぎみたま》を八《や》咫《た》鏡に取り託《つ》けて、倭大物主櫛𤭖玉命《くしみかたま》と名を称《たた》えて、大御和《おおみわ》の神奈備に坐せ、己命の御子阿遅須伎高孫根命《あじすきたかひこねのみこと》の御魂を葛木の鴨の神奈備に坐せ、事代主命の御魂を宇奈《うな》提《で》に坐せ、賀夜奈流美《かやなるみ》命の御魂を飛鳥の神奈備に坐せて、皇御孫命の近き守神と貢《たてまつ》り置きて、八百丹《やおに》杵築宮に静まり坐しき。

是に皇親神魯伎《すめむつかむろぎ》・神魯美命《かむろみのみこと》の宣《の》りたまわく、汝天穂比命は、天皇命の手長《たなが》の大御世、堅磐《かきは》に常磐《ときわ》に伊波比奉《いわいまつ》り、伊賀志《いかし》の御世に佐伎波閉《さきはえ》奉れと仰せ賜いし次の随《まにま》に、供斎《いわいごと》仕え奉《まつ》りて、朝日の豊栄登に、神の礼自利《いやじり》、臣の礼自利《いやじり》と、御禱《みほぎ》の神宝献《たてまつ》らくと奏《まお》す。

白玉の大御白髪坐し、赤玉の御阿加良毗《みあからび》坐し、青玉の水江の玉の行相《ゆきあい》に、明御神《あきつみかみ》と大八嶋国知食《しろしめ》す天皇命の手長の大御世を、御横刀《みはかし》の広《ひろ》らに誅堅《うちかた》め、白御馬の前の足《あな》爪《づめ》、後の足爪踏み立つる事は、大宮の内外の御門の柱を、上津石根《うわついわね》に踏み堅め、下《た》津石根に踏み凝《こ》らし立て、振り立つる事は、耳の弥《いや》高に天下を知食さん事の志《しるし》の太《た》米《め》、白鵠《とり》の生御調《みつぎ》の玩　物《もてあそびもの》と、倭文《しず》の大御心も多親《たし》に、彼方《おちかた》の古川席《さき》、此方《こちかた》の古川席に生い立てる若水沼間《わかみぬま》の、弥若叡《いやわかえ》に御若叡坐し、須須伎《すすぎ》振る遠止美《おどみ》の水の、弥《いや》乎知《おち》に御袁知《おおみおち》坐し、麻蘇比《まそひ》の大御鏡の面を、意志波留加《おしはるか》して見行《みそなわ》す事のごとく、明《あきつ》御神《みかみ》の大八嶋国を、天地日月と共に、安らけく平けく知行《しろしめ》さむ事の志《しるし》の太米《ため》と、御《み》禱《ほぎ》の神宝を擎《ささ》げ持ちて、神の礼自利《いやじり》、臣の礼自利と、恐《かしこ》み恐みも、天津次《つぎて》の神賀吉《かむほぎのよ》詞《ごと》白し賜わくと奏す。

右は『延喜式』の臨時祭式にみえる祝詞《のりと》で、祝詞として固定したものであるが、果安国造が初めて奏上したころのものは、ここまで祝詞表現の形式を整えていなかったであろう。しかし内容においては、大きな相違はなかったとみてよい。

相続した新国造は、国司に連れられて朝廷へ参上する。そこで位階を授かり、また太刀・糸・絹布・鍬などを賜わって帰国する。そして潔斎して神々に皇室の隆昌を祈ること一年、それを終えて玉・横刀・鏡・倭文・白馬・白鵠《くぐい》などを献上し、さらに潔斎すること一年、それから国司に連れられて朝廷へ参向し、そこで神賀詞を奏上する。出雲から朝廷へ献上する品物については、さきの祝詞の末尾にその効能が述べられているが、詳しく品目を示すと以下のごとくである。玉六十八枚《ひら》（赤水精八枚、白水精十六枚、青石玉四十四枚）・金銀装横刀一口（長さ二尺六寸五分）・鏡一面（径七寸七分）・倭文《しどり》二端（長さ各一丈四尺、広さ二尺二寸）・白眼鴾毛馬《さめのつきげのうま》一疋・白鵠二翼、そのほか御贄五十舁であった。

ところが、右の神賀詞の文中で、『古事記』とは大きく反する一面が認められる。それは葦原中国《なかつくに》の平定のために高天原から最初に派遣される天菩比《あめのほひ》神（天穂日命）が、『古事記』では「大国主神に媚《こ》び附《つ》きて、三年になるまで復奏《かえりごともう》さざりき」とあるのに対し、神賀詞では明瞭に「出雲臣等が遠祖天穂比命」と表現し、中国を巡察して復奏しているのみでなく、その子の天夷鳥《あめのひなどり》命に布都怒志《ふつぬし》命を副えて国譲りの談判のために遣わしている。

さきの第一部五節の国造系譜でみられたごとく、天穂比命は出雲国造家の始祖であり、天夷鳥命は神宝を奉持して出雲国に天降った祖神である。したがって、自分たちの祖神が復奏しなかったとされている『古事記』の記事に対しては、そのまま容認しがたかったのであろう。このように『古事記』に対するわずかな抵抗のあとが認められる。もちろん、こうした抵抗が国造果安や初期のころに存したかどうかは不明である。この神賀詞の文には後世の改作があったものとみてよかろう。

さて『古事記』が世に出た四年後、出雲国造は朝廷へ参向して、天皇を寿《ことほ》ぐ神賀詞を奏上した。その儀礼は国造の世替わりごとに行なわれるようになって恒例化した。この出雲国造の就任儀礼が国家的儀礼として制度化したのは、出雲国造の奏上する神賀詞が、正史である記紀に則って、天つ神の子孫としての天皇統治の正当性を述べるとともに、主権の安泰を保障するものであったからである。しかしそのためには、天皇統治に先行する出雲国家の存在を前提として承認する結果となった。大出雲国家の幻を長く人びとの脳裡に植えつけた原因の一つは、出雲国造の就任ならびに神賀詞の儀礼にあったといえよう。

この神賀詞の儀礼が、『日本書紀』の成立以前に行なわれ、しかも『古事記』の四年後であったことから推すと、『古事記』が世に出たのを契機として、出雲国造は京へのぼって神賀詞を奏上し、ひいては『古事記』の出雲神話を裏づける大国主神の大社創建を、朝廷へ申請したのではなかったであろうか。そしてその許可を得て、国造果安が意宇から杵築へ転居したものと考えられるのである。これまで述べてきた史料の上からいって、少なくとも『古事記』の撰上される以前に、杵築大社が創立されたとは考えられないのである。

注

(1) 国造の就任と神賀詞の年次などについては『続日本紀』による。『類聚国史《るいじゅうこくし》』や『続日本後紀《しょくにほんこうき》』によって、その後の天長《てんちょう》十年(八三三)四月に国造豊持の神賀詞の奏上まで記録にみえている。多分これ以後は廃止されたのであろう。

(2) 神賀詞の奏上のときに天皇の出御があることについて、『貞観儀式《じょうがんぎしき》』は触れていない。その後の事例としてはずっとくだって天長十年(八三三)四月、国造豊持が奏上するときに、天皇が大極殿に出御されたことが『続日本後紀』に記されている。したがって、国造弟山から後は天皇の出御があったものとみてよかろう。

三　出雲神話誕生の経緯

『古事記』・『日本書紀』ともに出雲神話を多く取り入れているが、中でも『古事記』の神代巻はその三分の一以上の紙面を出雲神話にさいて載せている。こうした神代巻の構成は、その投影として、神武以後の人皇時代の記事にも及び、出雲国に関する記事が他に比して多い結果をもたらしている。しかも、それは紙面からみる分量だけではない。神話の内容面からも同じことがいえるのである。

伊邪那岐《いざなぎ》・伊邪那美命《いざなみのみこと》の説話においても、出雲国は顕国《うつしくに》に対する黄泉国《よみのくに》として取り扱われている。その子の天照大神《あまてらすおおみかみ》は皇室の祖神として高天原を治め、須佐之男命《すさのおのみこと》はその弟神という血縁関係で結ばれてはいるが、大蛇を切ったときに得た剣を天照大神に献上し、最後には出雲なる根国《ねのくに》に追放される。剣は主権を表徴するものであり、根国の須佐之男命が高天原の天照大神へ服属することを示したものである。

この投影が大国主神《おおくにぬしのかみ》の国譲りの説話である。すなわち、降臨する天孫の邇邇芸命《ににぎのみこと》に、大国主神が豊葦原中国《とよあしはらなかつくに》の国土を譲与するのである。これは天つ神と国つ神との対決を取り扱ったものである。

こうした思想は、また人皇時代にも反映している。御肇国天皇《はつくにしらすすめらみこと》と呼ばれた崇神《すじん》天皇の御代には、その名にふさわしく国家統一の事件がなくてはならない。そこで東海・北陸・西道・丹波へ四道将軍が派遣される。ところが、いずれも戎夷《ひな》を征服したという報告記事にとどまっているが、その後に出雲国征討の記事がくわしく載せてある。その記事の内容はすでに七一頁に掲示しておいたが、出雲族の主権の表徴である神宝を朝廷に献上することによって、出雲国の滅亡が決定するのである。

このように内容を検討してみると、出雲神話の神代巻の三分の一も占めているというただそれだけではなくして、出雲の取り扱いの上に一定した法則というか、何か扱い方の決めがあったことがわかるであろう。神話創作者は出雲をつねに高天原に対する根国、顕国に対する黄泉国、天つ神に対する国つ神、征服者に対する被征服者という対蹠的立場において眺め、そうした線に沿って神話を構成している。したがって当然、結果的には出雲に関する神話が神代巻の三分の一以上を超える分量となった。

しかも、大国主神がこの葦原中国を天孫に国譲りするという説話は、皇室の祖先がこの国に渡来する以前にあっては、出雲族が国土の主権者であったという錯覚をもたらす結果ともなった。これは一般の国民だけではない。専門に古代史を研究する学者間においても、誰ひとり疑う者もなく、大和朝廷に対立するほどの強力な出雲国が存

出雲最大の大庭二子塚
（左前の森が二子塚、右は神名樋山）

在したものと信じ切っているのである。そして強大な出雲国を納得するために、あえて韓国との交通交易があったとみたり、中国山脈の砂鉄による優秀な文化が栄えていたものだと述べてきた。しかしそれは、とんでもない錯覚による幻影を追うていたものであった。

出雲の考古学的調査結果からみても、また出雲国の一部を示す史料ではあるが、『賑給歴名帳《しんごうれきめいちょう》』にみる氏族構成などから判じても、中央の大和の文化とは比較にもならないほど、小さな一地方的部族集団を形成していたものにすぎない。現在（一九六六年）でも県庁の所在地である松江市の人口がわずか十一万で、貧乏県として国庫補助を多く受けなければならないところである。平野にも乏しく、見るべきほどの産物もない。中国山脈を隔てた反対側の吉備国の豊かさと比較してみるだけでも、両者の差異は大きい。

たとえば、それを具体的に示すものとして古墳の大きさをみても、出雲東部の前期古墳として最大な前方後円墳、しかも出雲国造とゆかりのあるものとみられる大庭《おおば》二子塚《ふたごづか》は、長さ九〇メートルである。これに対して西川宏氏の「吉備の古墳の研究」(「吉備政権の性格」『日本考古学の諸問題』所収)によって、吉備国の文化的・政治的中心であった備中地域をみると、同じく前期に属す前方後円墳の造山《つくりやま》古墳は長さ三五〇メートル、次ぐ作山《つくりやま》古墳は二七〇メートルである。これらとほぼ同時代の仁徳陵《にんとくりょう》は四七五メートル、応神陵《おうじんりょう》は四一八メートルで、吉備の古墳よりは大きい。しかし、これら大和・河内・和泉にわたる巨大古墳と比べても、造山古墳は第五位に入り、作山古墳は第十二位である。しかもこの吉備国では出雲の大庭二子塚よりも大きい古墳、すなわち長さ一〇〇メートル以上のものが十八もある。そこで強いていえば、出雲国は吉備国の主権に従属していたと思われる美作《みまさか》地方の程度の部族にすぎなかったといえる。この美作には二子塚と同じ前方後円墳で九〇メートルの長さをもつ胴塚がある。こうしてみると、大和朝廷に対立する国としては出雲ではなくて、かえって吉備の方こそ似つかわしいのである。

それなのに、出雲の弱小国がどういう理由で神代巻の三分の一も占めるとともに、それに基づいて起こった錯覚によって、千年もの長い間、大和朝廷に対立する強大な出雲国を、われわれに想像させてきたのであろうか。まず読者のすべての方に申したいが、これまでの出雲観のすべてを完全に拭い去って、白紙の立場で新しく出雲を見直す心がまえを持っていただきたいと思う。

　高天原を表、根国・黄泉国を裏という表現を用いることが許されるならば、出雲は神話の中でつねに裏方の役を果たすべく仕組まれている。なぜ出雲族ならびにその国を裏方として取り扱わなければならなかったのであろうか。問題はこうした面から解いてゆくべきだと思う。

　いかなる部族もみずからを天つ神の子孫と信じ、神宝を奉持して天から降ったという伝説をもっている。出雲族も天穂日命《あめのほひのみこと》の命令で、天夷鳥命《あめのひなどりのみこと》が神宝を持ち、八重雲をかきわけて天降った。物部氏も饒速日命《にぎはやびのみこと》が十種の神宝を奉持して、凡河内国《おおしこうちのくに》の白庭《しらにわ》山《やま》に天降った。

　ところで、天皇を中心とする中央集権の確立という要求のもとに国史の編纂が行なわれたが、その神代巻の構想にあたっても、国家的スケールにおいて構成しようとした。そして天つ神としての天皇族が神宝を奉持して天降り、国つ神を征服するという形式を、当時の朝廷の統治権がおよぶ広範囲な領土を背景として仕組もうと試みたのである。神武天皇の東征説話にしても、つねに文化が北九州から東遷して大和へ流入し、それは部族の移動においても同じであったので、そうした伝えが、初代の天皇に東征という形式をとらせたのであった。この思想が神代巻においても反映し、天孫邇《に》邇芸命《ぎのみこと》が神宝を奉持して、九州の高千《たかち》穂《ほ》峰《みね》に天降るという形となっているのである。

皇室の祖神の降臨を九州の地としたことから、発祥の地として「日向《ひむか》」という地名がつけられた。それは何も宮崎県の日向を意識したものでもない。神話創作者の頭の中では、皇室の発祥地という点で、明るい表方の意味をもつ日向の地名がつけられたのにすぎないのである。亡くなった伊邪那美命《いざなみのみこと》を黄泉国に訪れた伊邪那岐命《いざなぎのみこと》が、黄泉国の穢れを祓《はら》うために日向の小戸の檍原《あわきはら》の川でみそぎしたという説話も、裏方の黄泉国に対して、その反対の表方の地名として日向が用いられたものであった。

そして、日向三代の皇室の神々、邇邇芸命・日子穂穂手見命《ひこほほでみのみこと》・鵜葺草葺不合命《うがやふきあえずのみこと》にまつわる説話は、北九州の宗像《むなかた》・安曇《あずみ》の両族が伝えていたものであろうが、九州に降臨して大和へ東遷するという神話の仕組みのため、これら国つ神の伝承する神話を、日向三代の神々のものとしてまとめたのであった。そのため日向神話は皇室の祖神について語るものとなり、宗像・安曇の名は消されてしまった。

しかもさらに注意すべきことは、高千穂峰に天降った天孫が、九州の南の果て、鹿児島県薩摩半島の先端にある吾田《あた》の笠沙《かささ》の御崎に降り立ち、そこの国つ神である事勝《ことかつ》国勝長狭《くにかつながさ》を征服し、娘の木花之佐久夜毘売《このはなのさくやびめ》を娶《めと》り、日子穂穂手見命が生まれるという説話になっている。この地は吾田隼人族の根拠地であるが、異民族視されていた隼人族の居住地へ降りて、その娘と結婚して日向第二代の祖神を生むとしたのも、朝廷の主権がおよぶ最果ての南の地から、漸次東遷して中原に至るという広大な神話の構成を企図してのことであった。本来ならば日向の高千穂峰に天降った後、北九州の地へ降り立って、宗像・安曇の伝える説話と結びつけるべきであったが、降り立つ地名を南九州の果てまで延ばしたのも、国家的スケールにおいて記紀神話を構成しようとしたためである。

これと同じに、出雲が神話の裏方として選ばれたのも、出雲族が大和朝廷に対立するほどの強力な部族であり、征服の最大の敵であったためではない。九州は表方として取り扱われており、その他の土地として、北陸の蝦夷は未だ十分に手中に入っていなかった。成務紀《せいむき》に「山陽《やまのみなみ》を影面《かげとも》といい、山陰《やまのきた》を背面《そとも》という」とみえているように、中国筋の山陽道は裏方としては不都合であり、これに反し山陰道はもっとも適当なところであった。その山陰道の中で、石見《いわみ》・出雲・伯耆《ほうき》・因幡《いなば》のいずれを裏方として用いてもさしつかえなかったであろうが、その中で出雲国が選ばれたのにすぎないのである。それよりももっと大切なことは、都から西北方を陰とする思想であった。

それらの中で特に出雲国が選ばれたのは、いろいろの好条件があったからであろう。しかしそうはいっても出雲国の神話伝承が他国のものよりも優れていたからではない。さきにも少し触れておいたように、出雲の古い文化の中心地であった意宇川《おうがわ》の流域、そこは国造《くにのみやつこ》の居住地でもあり、出雲族の発祥地であったが、記紀神話はこの地の説話を取り上げていないのである。またそれに次ぐ西方の神門川《かんどがわ》の流域の文化も無視されて、肥河《ひのかわ》を背景とした大国主神という新しい神が出雲神話の主人公となっている。これをもっても、神話創作者が出雲国の神話伝承の優秀さを認めたからだとはいえない。神話作成者は皇室の主権を確立するというただそれだけの意図をもって、それに適する素材だけを出雲から取り上げたのである。何も出雲国の神話伝承を記紀神話の中に包摂して、後世のために伝え保存しようなどとは考えていなかったのである。

そうした考えのもとに記紀の出雲神話が構成されたので、出雲族の信仰の中心であった熊野大神や、それに因む意宇川の神話伝承は取り上げられていないのである。記紀の出雲神話は、朝廷側の神話創作者が自分の意図に都合のよい素材だけを拾い上げ、みずからの立場で構成したものであった。

この朝廷側の神話創作者、これには語部《かたりべ》が考えられるであろうが、『古事記』を編んだ太安万侶《おおのやすまろ》はもっとも有力な人物として浮かび上がる。彼はのちに舎人親王のもと

土師氏の氏寺（河内の道明寺）

で、『日本書紀』の編纂にも参画したといわれる。ところが、この太安万侶の一族である大臣《おおのおみ》が、出雲郡の少領《すけのみやつこ》の地位にあったことを想起されるならば、神話創作者の太安万侶が大臣の上京の都度、出雲の話を多く聞き知ったであろうことが考えられるのである。また大舎人を出す御名代であった日置部臣が、出雲郡の大領《おおみやつこ》であったことも、それに次いで考えられるルートの一つであろう。しかも、出雲郡の大領・少領の地位にあった二人が、ともに肥河の流域に居住するものであり、記紀の出雲神話が意宇川や神門川と関係しないで、肥河を舞台として用いていることも、神話創作者へのルートが彼らによって持たれていたことを証明するものだともいえよう。

そうした関係で、出雲族の最高神であった熊野大神が、記紀の出雲神話には取り上げられず、出雲郡が大半を占める簸川平野の開発の神、大穴持命《おおなもちのみこと》（大地主命）が、それに代わって大きく取り扱われる結果ともなったのであろう。しかも大切なことは、『古事記』の作者が、この神を大国主神という名に翻訳して取り上げていることである。この大国主神という表現をもつ神に翻訳できたことが、国譲り説話の構想を作者に思いつかせた動機であったと思うのである。

実際、大国主神という名は、葦原中国の統治者としてまことにふさわしく、この国つ神を神話の裏方とし、皇室の祖神である天つ神が征服するという神話構想は、スケールを大きくするのに役立ったはずである。『古事記』が大国主神の説話をいろいろと長文に取り扱っているのも、この神の神格を大きくし、活躍を華やかにするほど、それを征服した皇神の偉大さを示すことになるためであったからであろう。これに反して、『日本書紀』は大己貴神《おおなむちのかみ》という名を用いたので、先住の統治者の名としてはふさわしくなく、そのためであろうか、この神の説話はごく短く、ただ主眼点である国譲りの一件だけが記されているにすぎない。

さらにもう一つ、出雲が選ばれる理由となったと思われるものがある。とくに出雲が黄泉国として想定されるようになった根拠とみられるものである。それは出雲から土師連《はじのむらじ》が出ていることである。垂仁《すいにん》紀三十二年の条に、皇后の日葉酢媛命《ひはすひめのみこと》が亡くなったとき、野見宿禰《のみのすくね》が殉死の代わりに陵墓に埴輪を立てることを献言し、出雲国から土部《はじ》部《べ》を百人呼び寄せて人馬などの埴輪を作った。その功により土部職《はじのつかさ》となり、土部臣《はじのおみ》の姓を授かった。この野見宿禰は蹶速《くえはや》と相撲をとるために出雲から呼び出され、そのまま朝廷に仕えた者である。そしてその後、土部連となり、その一族は天皇の喪葬をつかさどってきた。

ところが時代はくだるが、光仁《こうにん》天皇の天応《てんおう》元年（七八一）に、土師宿禰古人と土師宿禰道長ら十五人が、葬儀屋として人びとから軽視されるので、住地の名をとって菅原姓に改めることを請願し、それが許されている事件がある。『続日本紀』の天応元年六月の条に、

遠江介従五位下土師宿禰古人、散位外従五位下土師宿禰道長ら一十五人もうす。土師の先は天穂日命より出ず。その十四世の孫、名を野見宿禰という。むかし、纏向珠城宮に御宇垂仁天皇の世、古風なお存して、葬礼節なし。凶事あるごとに例多く殉埋す。時に皇后薨じて梓宮《しきゅう》庭にあり。帝、群臣に顧問《こもん》してのたまわく、後宮の葬礼、これをせんこと奈何《いかん》、群臣対えていわく、一に倭彦王子の故事に遵いたまえ

と。

時に臣等が遠祖、野見宿禰進み奏していわく、臣が愚意の如くんば、殉埋の礼は殊に仁政に乖《そむ》けり、国を益し人を利する道に非ず。よりて土部三百余人を率いて、自ら領して埴《はに》を取り、諸物の象を造りてこれを進む。帝覧《み》て甚だ悦びたまいて、以て殉人に代う。号《なづ》けて埴輪という。いわゆる立物これなり。これ即ち往帝の仁徳、先臣の遺愛、裕《ゆう》を後昆《こうこん》（子孫）に垂れて、生民頼れり。式《つつしみ》て祖業を観るに、吉凶相半ばして、若しそれ諱辰には凶を掌り、祭日には吉に預かれり。此の如く供奉《ぐぶ》して、允《まこ》とに通途に合えり、今は則ち然らず。専ら凶儀に預かる。祖業を尋ね念うに、意ここにあらず。望み請うらくは、居地の名により、土師を改めて以て菅原姓とせん。勅して請によりて之を許す。

とあるが、引き続き延暦元年（七八二）五月にも土師宿禰安人が、先年古人らが菅原姓に改めることを許されたときには、遠国にいたために参加できなかったので、同じように居住地の秋篠《あきしの》に改めたいと願い出て、安人ら兄弟男女六人が秋篠姓を賜わっている。さらに延暦四年八月の条にも一族が秋篠姓に改めているが、延暦九年十二月の条では桓武天皇の外祖母、土師宿禰真妹《まいも》が大枝朝臣《おおえのあそみ》と改められ、それに関連して菅原・秋篠もともに朝臣の姓を授かった。

このように葬儀を扱うことから、土師氏が人びとから蔑視される傾向があったのであろう。そのために改姓に及んだのであるが、こうした思想は、少し前の記紀編纂時代にも人びとの脳裡にいくらかはあったものと考えてよかろう。出雲から京へ出て官職についている者も少しはあるが、出雲出身者でもっとも勢力をもっていたのは土師連である。したがって、出雲人といえば土師連が代表され、それは葬儀屋として印象づけられた。こうしたことが出雲を黄泉国として、神話の裏方に選ぶことをたやすくした原因の一つであったとも思われる(1)。

以上のようないろいろな理由がもととなって、高天原に対する根国・黄泉国として出雲が選ばれることになった。しかしそのために、かえって出雲は神話の上で大きな役割を負うこととなり、出雲神話が神代巻の三分の一を超える分量を占めて物語られることとなった。

ところが、ひとたび記紀神話として定着すると、神話に占める出雲の役割の大きいことから、主役の大国主神をまつる杵築《きづき》大社は、天照大神をまつる伊勢神宮に対立する神社として発展し、また古くは出雲族が日本の国土を治めていたのだという考えが、いつしか錯覚として人びとの脳裡を占めるようにもなっていった。そしてもとは神話創作者が、神話の構成の上で裏方として出雲を便宜上選んだのにすぎなかったのだということは、もちろん忘れられていったのである。

他方、出雲国造は彼らの古来から信奉してきた神話とは内容を異にした記紀を見せられたわけであるが、朝廷との関連をもって一族の安泰を計ることが第一義であり、そのためさきに述べたように、記紀が取り上げなかった熊野大神を捨てて、大国主神をまつる杵築大社の創建とその神主として神事を専掌することをみずから買って出たのである。そしてその後は杵築大社の経営に専念し、大社を発展させることによって、国造家は皇室神話の一翼を担う者として、国家的保護を受けてきたのである。

なお一言ここで述べておきたいことは、戦後、国造制の研究と関連して述べられた井上光貞博士の出雲についての見解である。今のところもっとも新しく、権威のあるものとされている。それは大和朝廷が出雲を征服したとき、もとの支配者である杵築勢力を滅し、意宇の出雲氏をそれに代えて国造としたということと、その征服は武力を伴うとともに祭祀権の収奪であったという見方である[2]。しかし意宇平野に発祥した出雲国造よりも古く、また出雲一帯を支配していた杵築勢力というものは考えられないし、その杵築勢力の信仰的中心となっていた杵築大社も存在しなかった。これらについての批判は、ここに改めて述べる必要はないであろう。ただ参考までに記しておく。

注

（1）『出雲国風土記』によると、出雲郡宇賀郷に黄泉の坂・黄泉の穴の伝説があり、この地の伝説が直接出雲神話に採用されている。これについては第三部二節を参照されたい。しかし思想的には土師連の存在が影響を及ぼしたものと考えられる。

（2）井上光貞氏「国造制の成立」『史学雑誌』六〇—一一所収、および『大化改新』（弘文堂書房）八五頁参照。

第三部　出雲神話の分析

一　出雲の大神たち

『出雲国風土記《いずものくにのふどき》』には記紀には見えない神の名がたくさん載せてある。それらの神々は、中央の神話創作者には取り上げられなかったが、それぞれの地域においては部族集団の守護神として、篤く尊信されていた大切な神である。そうした神々のなかで、とくに大神《おおかみ》の称で呼ばれている神がある。すなわち熊野大神・野城《ぬき》大神・佐太《さた》大神の三者である。しかし、大神の称で呼ばれるこれらの神が、他の神々よりも優れていたわけではない。それぞれの地域における守護神という意味では同格であるが、勢力ある大きな集団によってまつられている神であったことから、大神の称を得ているのにすぎない。

実際、大神の称で呼ばれるこれらの神をまつっている地域は、広い平野をつくり、そこには勢力ある部族が居住していた。熊野大神については第一部一節で詳しく述べておいたが、出雲族の発祥の地である意宇《おう》平野、その平野にそそぐ意宇川の上流の熊野山にまつられている神で名は櫛御気野命《くしみけぬのみこと》、すなわち奇御食主命《くしみけぬしのみこと》という生産の守護神である。出雲族にとってもっとも古く、また最高の神であった。したがって、大神の称をもって呼ばれるのは当然といわなければならない。しかし記紀神話に取り上げられなかったので、かつては語られていたであろうこの神にまつわる説話は、何一つ伝えられていない。記紀に載らない神のゆえに、この大神の説話が他の神の説話としてすり替えられているのかもしれない。だが、出雲族の最高の神であっただけに、出雲国造の関係するところのもの、『出雲国風土記』や神賀詞《かむよごと》の祝詞《のりと》には、必ずこの熊野大神の名が挙げられ、しかも大穴持命《おおなもちのみこと》よりも先にその名が挙げられている。たとえば神賀詞では「伊射那伎《いざなぎ》の日真名子《ひまなご》、加夫呂伎《かぶろぎ》熊野大神櫛御気野命、国作り坐《ま》しし大穴持命、二柱の神」という表現である。

　しかし、この二神の神名の並称には、国造の非凡なからくりが潜んでいた。それは「伊射那伎の日真名子」という表現でわかるように、朝廷へは熊野大神である櫛御気野命を、実は須佐之男命《すさのおのみこと》の異称であるとして示したことである。出雲族の最高の神として尊信してきた熊野大神が、記紀に記載されておらず、地方的な神として今後消されて行くことをおそれての処置であったと思われる。そこで、熊野大神は須佐之男命をさすものだと暗に示すことによって、記紀に載らないこの大神の名が残るようになり、まつる神社も延喜の制に大社となることができた。この間の経緯については、後の第三節で詳しく述べたい。

次の野城大神は、『出雲国風土記』では意宇郡の条に、

野城駅《ぬきのうまや》。郡家の正東二十里八十歩なり。野城大神の坐すにより、故《か》れ野城という。

とみえているように、このころは意宇郡に属していたが、この大神をまつる野城社は、いまの能義《のぎ》郡能義村東松井にある能義神社で、飯梨川《いいなしがわ》が安来《やすぎ》平野に出たところの丘にある。意宇川の東側を、同じく中海にそそぐ飯梨川は、その下流に、当時は意宇平野に匹敵するほどの沖積平野をつくっていた。それだけに経済的に豊かであり、人口も多く、また出雲最大の方墳である前期の荒島造山古墳をはじめとして、中・後期にわたる数多くの古墳が存在するところである。こうしたことから、「野城の地にいます大神」という称で呼ばれたのであろう。

この大神の名は、右の『風土記』の個所に一回その名が見えるだけである。だが、

佐太神社の本殿

この大きな平野の生産を見守るこの神は、この地方に住む人たちにとっては最高の神であり、また説話も語り継がれていたかもしれない。しかし、記紀神話に載らない神となったことから、忘れられてゆく神としての運命をたどった。

飯梨川の中流より上の全流域を含む「飯梨郷」を『風土記』でみると、「大国魂命、天降り坐しし時」という表現が用いられているが、これは記紀の神名と合わすための改作であって、もとは野城大神であったとみてさしつかえないであろう。また安来郷の条には神《かむ》須佐乃袁命《すさのおのみこと》の説話が載っているが、この神は出雲西部の神門川においてつくられた神であって、東部で伝承されていた神ではない。この説話なども野城大神のものであったとみてよい。こうした見解が各郷の解説で同じようにいえるのである。記紀に神名が取り上げられなかった大神の末路を、『出雲国風土記』の野城大神に見ることができる。

次に秋鹿郡《あきかのこおり》の佐太川のほとりに、佐太大神の社がある。いまは佐太川を利用して宍道湖《しんじこ》の水を日本海へ流す運河ができているが、当時は「佐太川。源は二つあり。二つの水合いて、南に流れて、佐太水海に入る。すなわち水海の周《めぐ》り七里あり。水海は入海に通えり」とあるように、佐太水海は今では小沢を残すのみで水田と化しているが、下流にあった水海から宍道湖へ流れこんでいた。この佐太は、国引きの説話に「狭田之国《さたのくに》」とみえる狭田で、佐太川に沿って細長く水田のある国を意味していたのであろう。だが狭田とはいっても、この地域には、径五四メートルの出雲最大の円墳である大垣大塚古墳をはじめ、いくつかの大型古墳をつくるほどの豪族が住んでいた。

佐太川の西側に三四一メートルの神名火山（朝日山）があって、川に面する東麓に佐太神社があるが、『風土記』に、

神名火山。郡家の東北九里四十歩なり。高さ二百三十丈、周り一十四里あり、いわゆる佐太大神の社は、すなわち彼の山下《やまもと》に在り。

三笠山

とみえている。神名火山と呼ばれた朝日山は神社から六キロ、神社の背後の三笠山は神名火山の延長とみられていて、現在地がもとからの社地のようである。

ところが、この神には『出雲国風土記』に説話が載っている。佐太大神の誕生地を語る説話で、隣の嶋根郡加賀郷《かかのさと》の条に、

加賀郷。郡家の北西二十四里一百六十歩なり。佐太大神の坐《ま》す所なり。御祖神魂命《かみむすびのみこと》の御子《みこ》、支佐加比売命《きさかひめのみこと》、闇《くら》き岩屋なるかもと詔《の》りたまいて、金弓《かなゆみ》もて射たまいし時に、光《て》り加加明《かがや》けり。故れ加加《かか》という。

とみえ、さらに加賀神埼《かかのかむさき》の条には、左のよう

な注が記されている。

いわゆる佐太大神の産生《あ》れませる処なり。産生れまさんとせし時に、弓箭《ゆみや》亡《う》せましき。その時、御祖神魂命《かみむすびのみこと》の御子、枳佐加比売命《きさかひめのみこと》、願《ね》ぎたまわく、吾が御子、麻須《ます》羅神《らかみ》の御子にまさば、亡せたる弓箭出で来《こ》と願《ね》ぎましき。その時、角《つの》の弓箭、水の随《まにま》に流れ出ず。その時、生れませる御子の詔りたまわく、此は非《あら》ぬ弓箭なり、と詔りたまいて、擲《な》げ廃《う》て給いき。
また金《こがね》の弓箭流れ出で来つ。すなわち待ち取り坐《ま》して、闇鬱《くら》き窟《いわや》なるかも、と詔りたまいて、射通しましき。すなわち御祖支佐加比売命《きさかひめのみこと》の社、此処に坐す。今の人、この窟の辺を行く時、必ず声磅礴《とどろか》して行く。若し密《ひそか》に行けば、神現われて、飄風《はやち》起こり、行く船は必ず覆《くつがえ》るなり。

岩窟で佐太大神が生まれるときに、弓矢がなくなった。そこで、母なる神魂命の子の枳佐加比売命が、「わが子が雄々しき神の御子であるならば、なくなった弓矢が出て来いよ」と申された。そして流れ出た角《つの》の弓矢を捨てられた後に、黄金の弓矢が流れ出て来た。その弓矢を取り上げて、「暗い岩窟であることよ」といって射られたとところ、岩窟はあかあかと光り輝いた。ここに大神の母なる支佐加比売命の社がある、というのが生誕説話であるが、古代信仰において矢は男性の象徴とされていたので、佐太大神は黄金のごとき尊き父神の御子として、光り輝いて生まれた神であるということを述べんとしたものである。

この加賀神埼は、秋鹿郡の佐太神社から十キロ以上も東の島根郡島根村字加賀の潜《く》戸《ど》崎のことである。本来は右の説話の後段にあるこの潜戸の岩窟が、神霊の住む神秘な場所で、舟行人の注意しなければならないことを述べたものであったと思われる。それが後に佐太大神の生誕と結ばれ、そこから岩窟にまつられている支佐加比売命が、佐太大神の母神ということにされたのであろう。この支佐加比売社は、『風土記』では加賀社、『延喜式』では加賀神社とみえるもので、旧郷社であった。岩窟の神は一般に女神とみられるが、この女神は漁夫たちの岬の神として信仰されていたものであろう。岬の女神で名高いのは、この島根半島の先端にある旧国幣中社、美保神社の美穂津姫命がある。この女神は『日本書紀』で取り上げられたので、光栄の道を歩んだ。

だが、ここで考えられることは、第一はこの佐太大神が佐太川流域の守護神として発生しながら、のちには島根半島全域からも信仰される大神となっていたということである。第二はもっと大切なことで、佐太大神と支佐加比売命とが母子の関係で結ばれたことである。

それぞれの地域の神は、その地域では最高の守護神であって、他の地域と血縁的関係をもつものではない。集落の守護神は本来は排他的である。右の説話は発生的事情を異にし、もと何らの関係もなかった神が、血縁的に結ばれて行くしだいを示したものとして、学問的に興味があるのである。しかも、女神をまつる岩窟の神秘性・尊厳性をさらに加えるために、佐太大神と結ばれたものであるから、この女神が佐太大神の母となって、母神の名は明らかにされたが、父神の名は明示されていないのである。佐太大神の血縁的関係、すなわち、この神をめぐる神統図というものは、もともとなかったからである。

三名の大神の血縁的関係については、何一つ伝承されていない。さきの熊野大神や野城大神も、この神との血縁的関係者は一名もいない。そこで佐太大神にも本来血縁者のなかったことがわかるであろう。集落の守護神として発生した神々は、もともと排他的であり、神々相互の血縁的関係、すなわち神統図というものはなかったのである。佐太大神の生誕の説話は、そうした意味で、神統図ができる初歩的形相を示したものとして注意すべきものである。

佐太大神は『出雲国風土記』のほかには記されていない神である。したがって普通であればさきの野城大神と同じく、『風土記』限りの大神という運命で、歴史の舞台からおりるものである。ところが後世、杵築大社に対立する出雲二ノ宮としての尊信を受ける勢力をもった。そして出雲十郡のうち、杵築大社は六郡半を、佐太神社は三郡半の各神社を支配した。杵築大社・佐太神社の両社頭職によって、出雲の各社は分割支配されるに至ったのである。これは足利時代末の支配関係を示すものであるが、そうした歴史があったので、旧国幣小社にも列格された。記紀にも載らない神が、どうしてこのような破格な発展をもたらしたのであろうか。佐太神社の社家である朝山氏の歴史を中心としてみよう。

藤岡大拙氏の「封建社会の形成」(『山陰の歴史』所収)によると、検非違使《けびいし》の下官であった大伴政持が、承和《じょうわ》三年(八三六)に下向し、神門郡朝山郷《あさやまのさと》に土着して、朝山氏を名のったという。その後、国衙役人でありつつ、律令制の崩壊期を利して在地性を強め、地方豪族として武士化していった。源平合戦のときには、出雲で平家方に加担したものとして、朝山記次の名を見るまでになっている。平家滅亡後は朝山八幡の神主職に補任されたが、建久《けんきゅう》五年(一一九四)に塩冶《やむや》郷司(出雲在庁官人解状裏文書)に、さらに在国司に返り咲いた。建長《けんちょう》元年(一二四九)六月、出雲大社御遷宮について、在国司ほか六人の旧記のなかに、流鏑馬《やぶさめ》十五番の一番として「在国司朝山右衛門尉勝部昌綱」の名がみえる。このころは朝山郷を本貫としていたとみえて、当時の所領を見ると次のようである。

朝山郷　八十三町五反歩
楯縫東郷　四十五町九反三百歩
同西郷　三十五町三百歩
同三津庄　三町

朝山郷の所領は朝山氏の本貫地であるから当然であるが、そのほかは楯縫《たてぬい》郡へ飛んでいる。この間の事情については藤岡氏も指摘しているように、斐伊川《ひいかわ》下流の両岸には出雲大社領がひろがり、また能義《のぎ》郡富田《とだ》城を居城としていた守護の佐々木氏が、塩冶郷の大迫《おおさこ》城に進出して塩冶氏と改姓した。こうして守護の塩冶氏も出雲西部に勢力を張ったことから、朝山氏は現在の平田市を中心とする楯縫郡へ、よんどころなく進出しなければならなくなったのであろう。

その後の歴史については不明であるが、室町末には、朝山氏は佐太神社の神主として、出雲十郡のうち楯縫郡・秋鹿郡・嶋根郡・意宇郡の西半分、すなわち三郡半の神主を支配する社頭職に任じられている。杵築大社の神主である国造が総検校職《そうけんぎょうしき》に任じられていたので、三郡半を支配している佐太神社と支配争いも行なわれたが、両社頭による分割支配の領分は現在に至るも変わらず、佐太神社には五人の幣頭があり、その支配を『八束郡誌』によって示すと左のごとくである。

。吉岡幣頭　秋鹿郡の東部十八社家、および嶋根郡西部の六社家を支配。
。石川幣頭　嶋根郡東部の十社家を支配。
。遠藤幣頭　意宇郡西部の十二社家を支配。
。河瀬幣頭　楯縫郡西部の十八社家を支配。
。常松幣頭　楯縫郡東部および秋鹿郡西部の十社家を支配。

このように五人の幣頭がそれぞれの地域の神主を支配し、祭りのときには神楽をするために、これら幣頭が配下の神主を連れて神社へ参る。(1)
このような勢力を佐太神社がもつようになったことから推すと、在国司の地位にあるときに、楯縫郡からさらに秋鹿・嶋根両郡へと朝山氏は所領を増し、その所領を確立する必要から、所領内の最高の神社である佐太神社に域内神社の支配権を委ねて、杵築大社の勢力と対立させたものと思われる。『出雲国風土記』の秋鹿郡に神戸里《かんべのさと》があり、これは出雲神戸、すなわち熊野神社と杵築大社の二社の神戸であると記されている。ところが『出雲風土記抄』には、この神戸里を「佐田社領七百貫の地なり」といっているが(2)、中世以降になって佐太神社の神領に転換されている事実を認めるのである。朝山氏は後に支配関係から退いて、佐太神社の社家となるが、朝山氏が政治的権力を掌握していた時代に、佐太神社を杵築大社の支配から切り離し、出雲二ノ宮としての勢力を確立することにつとめたものとみてよかろう。

次に『古事記』や『日本書紀』で、杵築大社の神が大神と呼ばれている例がある。しかしその例は少ない。一般に『古事記』は大国主神、『日本書紀』は大己貴神《おおなむちのかみ》と用い、そのほか時に大穴牟遅神《おおなむちのかみ》(記)・大己貴命(紀)と呼んでいる。これに対して、大神の称を用いているのは三例にしかすぎず、大己貴大神(神武紀)と出雲大神(崇神紀・垂仁紀)とである。したがって記紀ともに、少なくとも神代巻においては大神の称では呼んでいないのである。

この神が出雲ではどう呼ばれていたかというと、『出雲国風土記』では大穴持命《おおなもちのみこと》といい、そのほか所造天下大神《あめのしたつくらしし》・所造天下大神大穴持命と用いられている。しかし

「所造天下大神」という表現は、後につけた美称であることが明らかであって、この神の本来の名は「大穴持命」である。

こうみてくると、記紀でわずか三例だけ大神の称でこの神が呼ばれ、また『出雲国風土記』で美称として大神の称を冠せられていても、それは後の形容であって、本来この神は大神の称では呼ばれていなかったことがわかるであろう。ことに『出雲国風土記』が「所造天下大神」と形容したのは、記紀によって性格づけられた国譲りの神に対してなされたものである。

しかも、さきの各節で考証したことによって明らかなように、地主神としてのこの神の発生は新しくもある。また熊野大神・野城大神・佐太大神のごとく、地名を冠して大神と呼ばれている神々とも、発生的・時代的に異なっている。したがって、出雲において古くから大神の称で呼ばれ、かなり広範な地域を信仰的・宗教的地盤としていた神は、熊野大神・野城大神・佐太大神の三者だけとなるのである。

ところが、出雲の国人が大神の称を奉ったこれら熊野大神・野城大神・佐太大神は、どうしたことなのであろうか、記紀ともに取り上げていないのである。それに代わって、大神とは呼ばない須佐之男命や新しい発生になる大穴持命が、出雲神話の主役として登場し活躍している。この点だけからいっても、記紀の出雲神話が、出雲の人びとの伝えてきた神話とは本質的に異なっているものであることがわかるであろう。
須佐之男命の名をここに挙げたが、出雲のすべての神々の祖神として、皇室の祖神である天照大神の弟神とされたこの神が、大神と呼ばれていなかったこともまことに不思議なことである。こうしたところに、中央の神話創作者の頭脳に秘められたからくりがあった。そこで、裏面のからくりを探るために、節を改めて、須佐之男命・大穴持命の出自を調べることにしよう。

だがその前に、熊野大神について一言いっておきたいことがある。後に考証する須佐之男命もそうであるが、野城大神や佐太大神にしても、地名をもって呼んでいる。これは神名の形式としてはもっとも古い呼び方である。ところが熊野大神を、『延喜式』に載る出雲国造の神賀詞の中では、「加夫呂伎《かぶろぎ》熊野大神櫛御気野命《くしみけぬのみこと》」と呼んでいる。加夫呂伎は『風土記』に熊野加武呂乃《かむろの》命と用いているのと同じで、「神ろ」に男性を示す「伎」をつけたものである。「ろ」は語調を整えるための接尾語である。また「櫛御気野命」は、すでに考証したように「奇御食主命《くしみけぬしのみこと》」のことであるが、なぜこの大神にだけ、このような属性を示した神名をつけているのであろうか。

『出雲国風土記』の中には、それぞれの集落の守護神として発生した神の名をたくさん見出すことができる。それらの集落の神は、ほとんど地名をもって呼ばれ、また彼

神名樋山（茶臼山）

らの居住地か、あるいはその近くにまつられていた。ところが意宇郡の地図を一見するとわかるように、熊野大神だけ意宇平野の集落からははるか遠く、意宇川の水源地である熊野山（天狗山）にまつられていた。少なくとも集落との関係というものは、この神には認められない。その点では野城大神や佐太大神とも異なっている。これら二神は集落の守護神として集落の中にまつられ、しだいに近隣へ信仰圏が拡がっていったものである。

熊野大神が集落と関係がないということは、一集落の守護神として発生したものでないことを示している。そして、出雲族の発祥の地である意宇平野の各集落が、一つの権力の下に統一され、また文化的にも発展した段階において、出雲族全体の部族神として、まつられたものであることがわかる。このように出雲族全体の守護神的性格をもってまつられたために、また大神の称をもって呼ばれたのであるが、櫛御気野命という職能的名称をもつ神は、発生的には文化が進んでから後だといえる。これに反して野城大神や佐太大神は、本来は集落神であったが、それぞれの平野が発展するにおよんで、部族神の熊野大神の名にちなみ、大神の称で呼ぶようになったものにすぎない。

熊野大神が意宇平野の部族的統一の後において発生した神であるとなると、出雲族発祥の地である意宇平野で、野城大神や佐太大神に匹敵する神は誰であったのであろうか。『出雲国風土記』によると、意宇平野では大草郷《さくさ》に青幡佐久佐日子命《あおはたさくさひこのみこと》、山代郷に山代日子命《やましろひこのみこと》の名が見える。前者の青幡佐久佐日子命をまつるのは大草町の六所神社にあてられている。社地は神名樋山《かむなびやま》の南方である。これに反して、後者の山代日子命は、意宇平野の西端、意宇川が平野に流入したところの神名樋山にまつられていた神であった。現在は松江市山代の茶臼山がこれにあたり、高さ一七一メートルである。「神名樋野《かむなびぬ》。郡家の西北三里一百二十九歩なり。高さ八十丈、周《めぐ》り六里三十二歩なり。〔東に松あり、三方はみな茅あり。〕」とみえているが、神名樋野の「野」は注記のごとく草山からの称で、神名樋山と同義である。神の鎮まる聖林の称としての神名樋山は、『出雲国風土記』では他に秋鹿郡の神名火山（朝日山）、楯縫郡の神名樋山（大船山）、出雲郡の神名火山（仏経山）がみえる。また同種の御室山が大原郡にある。

意宇平野に接し、美しく整った山容の神名樋山こそ、この平野を最初に開いた人たちの守護神が鎮まるところであったであろう。出雲国造の旧屋敷はその山の西南にあたる大庭《おおば》の地にあった。風土記時代の行政区画では山代郷に属す。また、この大庭の地に出雲最大の前方後円墳の二子塚古墳（長さ約九〇メートル）・山代方墳などがあり、この平野の古墳群の中心をなしているのである。いずれにしても神名樋山にまつられていた山代日子命に注目しなければならないであろう。この神こそ出雲国造が意宇平野に定住するときに、最初に斎《いつ》きまつって、集落の守護を祈願した神であったであろう。

注

（1）出雲の各神社は、杵築大社と佐太神社に分割支配されているが、その中でも「一社一例の社」といって、両社頭の支配に属さない神社がいくつかある。関のあった美保《みほ》神社、日御碕《ひのみさき》神社、十二世紀の初頭に出雲に進出した石清水八幡宮《いわしみずはちまんぐう》の最初にできた別宮の平浜八幡宮、京都聖護院《しょうごいん》の領地の内神社で、これらは国庁の直支配に属していた。

（2）『出雲風土記抄』に「則ち佐田の宮内なり。按ずるに庄村、常相寺村、古志村、古曾志、西浜佐田、及び島根郡の中、名分、上佐田、下佐田等にいたるまで、蓋し佐田社領七百貫の地なり」と記している。大体むかしの神戸里と同じ区域とみてよかろう。

二　大蛇退治の説話の源流

記紀に載る出雲神話には二つの要素が認められる。一つは須佐之男命《すさのおのみこと》の大蛇退治の説話であり、他は大国主神《おおくにぬしのかみ》の国譲りの説話であって、この二つの説話を中心として、出雲神話が構成されている。ところがこの出雲神話は、『出雲国風土記《いずものくにのふどき》』が示す説話のなかには、その素材を認めることができず、両者に大きな相違のあることがこれまで指摘されてきた。だが、はたしてそうであろうか。まず須佐之男命の問題から入っていこう。

『出雲国風土記』に記されている神々の多くが、地名をもって呼ばれていることから、須佐之男命という神も地名と関係したものとみてよかろう。神門川《かんどがわ》は飯石《いいし》郡の琴引山（一〇一四メートル）から北へ流れ、来島《きしま》・波多《はた》・須佐《すさ》の三郷を経て、それから神門郡の中に入り、神戸郷《かんべのさと》・朝山《あさやま》郷・古志《こし》郷を経て神門の水海に入る。その中流に飯石郡須佐郷があり、小さい盆地をつくっていて、その東須佐の地には小型の後期古墳が数個みられる。その須佐郷を『出雲国風土記』でみると、須佐郷。郡家の正西一十九里なり。神須佐能袁《かむすさのお》命の詔りたまわく、この国は小さき国なれども、国処《くにどころ》なり。故《か》れ我が御名は、木石《いわき》には著《つ》けじと詔りたまいて、やがて己命《おのがみこと》の御魂《みたま》を鎮め置き給いき。しかしてやがて、大須佐田・小須佐田を定め給いき。故れ須佐という。

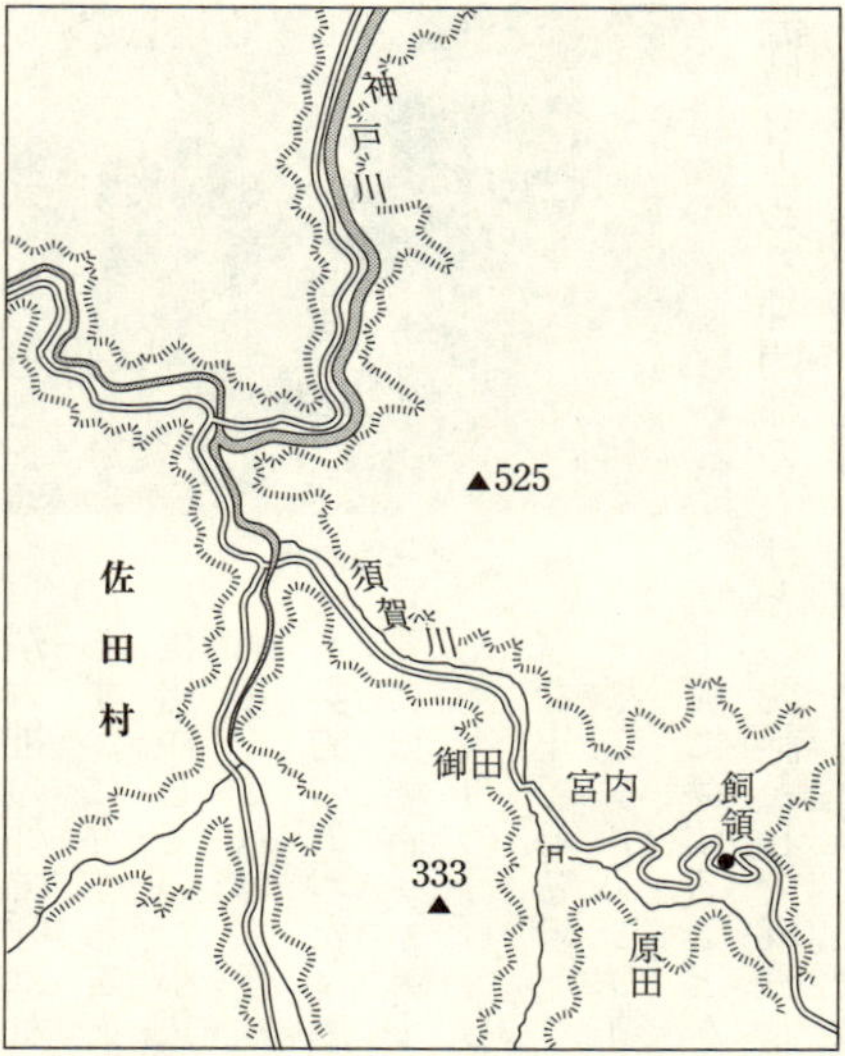

須佐地方の地勢図（●横穴群）

とあって、須佐之男命はこの土地は狭くはあるがよい所なので、木や石に自分の名をとどめないで、土地にその名をとどめて、ここに鎮座された。そして大須佐田・小須佐田の祭田を定められたというのである。『風土記』の伝承では、これ以上のことはわからない。

　だが、この須佐の地が小さな盆地にすぎず、また須佐之男命

須佐の横穴

が大神の称で呼ばれていないことと、後期の小型古墳がわずかに存することなどから、(1)須佐之男命はこの小盆地に居住していた小集落の守護神であったことはたしかである。これは大きな平野を背景に、経済的にも政治的にも勢力のあった部族の守護神、野城《ぬき》大神や佐太《さた》大神、さらには熊野大神などとは比肩すべくもないものであった。次頁の写真でもわかるように、谷間の山田をもつ小さな里である。

ところが、この須佐郷が飯石郷ではあるが、神門川の中流に存することから、須佐之男命の説話が神門川の下流域を占める神門郡の人びとの説話として成長したとみる必要はない。むしろ、記紀の出雲神話で須佐之男命の妻となる奇稲田姫命《くしいなだひめのみこと》の伝承が、同じ飯石郡の東部の盆地に伝わっていることに注目すべきであろう。

熊谷《くまたに》郷。郡家の東北二十六里なり。古老の伝えにいえらく、久志伊奈太美等与麻奴《くしいなだみとよまぬ》良比売命《らひめのみこと》、任身《はら》みまして産《こう》まむとしたまいし時、生みまさむ処を求《ま》ぎたまいき。そ

須佐の山里

の時、此処に到来《き》まして、詔りたまわく、甚《いと》くまくましき谷なりとのりたまいき。故《か》れ熊谷という。

女神がお産をなさろうとして、よい土地を探された。そして、ここに来られて「奥まった静かな谷間だ」といわれたというのである。この女神の名「久志伊奈太《くしいなだ》」は、『古事記』の櫛名田比売《くしなだひめ》、『日本書紀』の奇稲田姫であることが明らかである[2]。

この熊谷郷は、斐伊川が支流の三刀屋川《みとやがわ》と分岐するところの下熊谷・上熊谷を含む地域で、上熊谷には後期の小型古墳がある。ところが支流の三刀屋川の合流点の近く、奇稲田姫をまつる神社の背山には、注目すべき前期の古墳がある。前方後円墳で長さ五〇メート

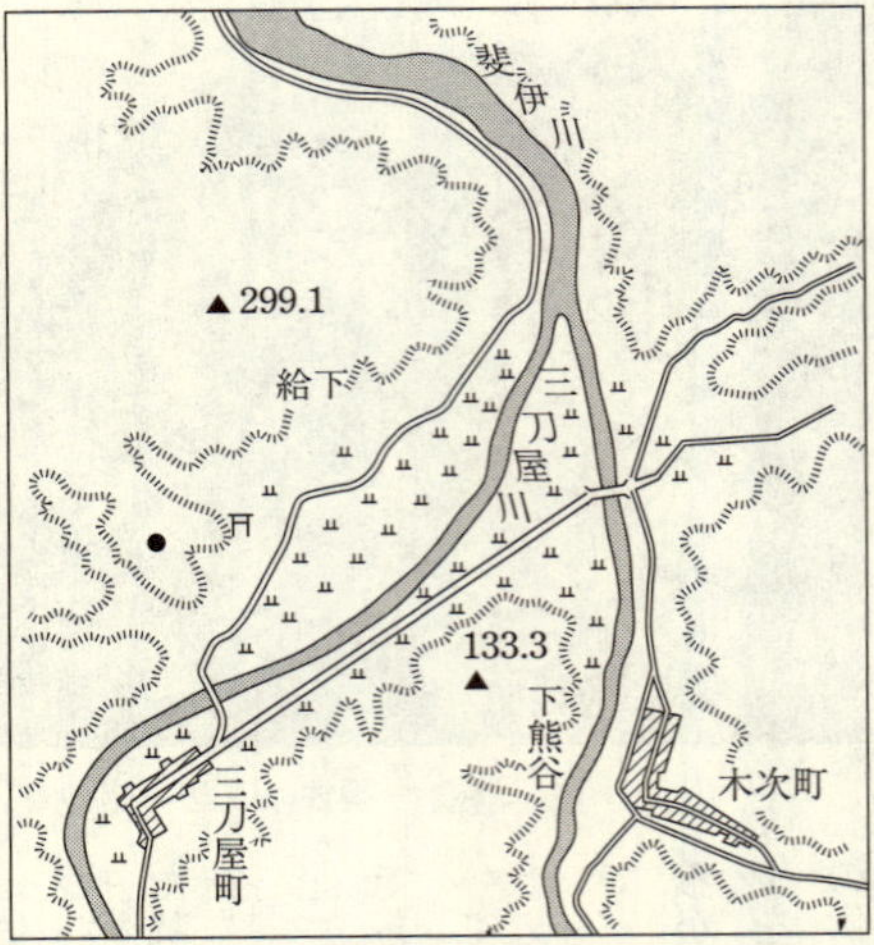

三刀屋地方の地勢図（●松本一号墳）

ル、後方部からは出雲では珍しい二個の粘土槨が出土し、碧玉製管玉・短剣・漢式六獣鏡・ガラス製小玉・刀子・鉄針などが副葬されていた(3)。出雲の古墳密集地帯から離れたこの斐伊川中流の盆地、広い稲田を見おろす丘の上に、前期の大型古墳が見つかることは、ここにかなりの勢力をもつ部族が居住していたことを物語っている。

　左頁の写真は、古墳の築かれた丘から斐伊川と三刀屋川の合流点を遠望したものであるが、丘の下の三刀屋川に沿ってひろがる稲田は、前記の須佐の谷間の山田とうって変わり、広々とした景である。須佐之男命をまつっていたのは小部族であろうが、この三刀屋平野をひかえたこの部族はかなり強大であり、その盆地の稲田を守護する神として、奇稲田姫命を信仰していたとみてよい。

松本墳から三刀屋平野を望む

須佐之男命は神門川、奇稲田姫命は肥河《ひのかわ》と互いに川筋を異にしているが、ともに飯石郡の西と東に伝わる神であり、説話であることを注意しなければならない。すなわち、この神を夫妻として結んだ説話は、飯石郡の人びとに負うていたのかもしれない。もちろん、それがどのような内容をもつ説話として、二神が結ばれていたかについては不明である。ところが、非常に興味ある説話が、飯石郡の東隣の大原郡阿用《あよ》郷に伝えられている。『出雲国風土記』をみよう。

阿用郷。郡家の東南一十三里八十歩なり。古老の伝えに云えらく、昔、或る人、この処の山田を佃《つく》りて守りき。その時、目一つの鬼来て、佃人《たつくるひと》の男を食いけり。その時、男の父母、竹原の中に隠りておりき。時に竹の葉動《そよ》げり。その時、食われし男、動動《あよあよ》と云いき。故《か》れ阿欲《あよ》という。

むかし、この地で山田を耕作していた男がいた。そのとき一つ目の鬼が来て、その農夫に食いついた。そのときその父母は竹原の中に隠れていたが、竹の葉が揺れ動いて音をたてた。父母が鬼に見つかってはと心配した男は、自分で竹の葉の音に似せて「動動《あよあよ》」といったというのである。阿用という地名説話ではあるが、この説話がもっているモチーフには、須佐之男命と奇稲田姫との説話に通じるものを感じる。

一つ目の鬼は山の神である。山田をつくる若者が山の神に食われ、それを竹原に隠れ逃げた父母が、こわさに動動《あよあよ》とふるえて見守っている。これは山村に伝えられて来た説話である。だが、この説話は近隣の村々にも伝えられていたはずであり、山村と農村とではモチーフは同じであっても、表現は変わっていたであろう。そして、もしこの説話が稲田の多い里で話されたとしたら、どうなるであろうか。山の神は水田を守る水の神に変わるであろう。そして全国に見る習俗と同じように、ここでも水の神は蛇体として示されるであろう。さらに若者が稲田をつくる娘に代えられたとしたら、記紀にみる奇稲田姫とその父母の足名椎《あしなづち》・手名椎の説話に近いものになる。しかも、奇稲田姫命を守護神とする熊谷郷、肥河が支流の三刀屋川と分岐するところの平野の里で、この説話が語られなかったとはいえない。まず八俣《やまた》の大蛇《おろち》退治の説話の大略を述べてみよう。

高天原から追放された須佐之男命は、妣《はは》の国である根国に行くべく、出雲国の肥河の上流にある鳥髪《とりかみ》（鳥上）の里にたどりついた。折しも箸が川から流れてくるので、川上に人が住んでいるのであろうと思って、川をのぼって行くと、老夫婦が娘をなかにして泣いていた。

そこで「おまえたちは誰か」とたずねられると、老人の答えるのは「わたしは国つ神で、大山津見神の子であり、名は足名椎といい、妻の名は手名椎、娘は奇稲田姫といいます」と答えた。「ではどうして泣いているのだ」とお問いになると、「わたしにはもと八人の娘がいましたが、八俣の大蛇が毎年来ては娘を食います。今が来る時期になっていますので泣いているのです」と答えた。そこでさらに「大蛇はどんな姿をしているのか」とたずねられると、「目は酸醤《ほおずき》のように赤く、一つの体に頭が八つ、尾が八つついており、体にはこけや檜や杉が生え、長さは八つの谷におよび、腹を見るといつもただれて血がにじんでいます」と答えた。

そこで須佐之男命は、その老人に「おまえの娘であるならば、わたしの妻としてくれないか」といわれた。ところが、老人は「失礼ですが、あなたのお名前を存じませぬ」といったので、「自分は天照大神の弟で、いま天から来たところだ」と答えられた。そこで、足名椎はよろこんで娘をさし上げた。

須佐之男命は娘を櫛に変え、自分の髪の中に差しこんで隠して、足名椎・手名椎に命ぜられた。「おまえたちは強い酒をつくり、家のまわりに垣をめぐらし、その垣には八つの門をつくり、門ごとに台をすえて酒船をのせ、それに酒を盛って大蛇を待てよ」と。やがて八俣の大蛇が来て、言われたとおりに酒船ごとに頭を一つずつ入れて酒を飲んだ。そして酔いつぶれて寝てしまった。

そこで須佐之男命は腰の十拳剣《とつかのつるぎ》を抜いて、大蛇をずたずたに切られたところ、肥河が血で赤くなって流れた。ところが、尾を切られたときに、剣の刃がこぼれた。怪しまれて、剣の先で尾を切り開いてみると、中から立派な太刀が出て来た。手にとってよく見られると、珍しい神剣なので、天照大神にこの話をされてさしあげられた。これが草薙《くさなぎの》剣《つるぎ》である。

稲田に豊かな水を供給して、稲の順調な成育を見守るのが、水の神の役目である。そうした稲田の守護神としての水の神が、右の説話では、奇稲田姫の名で示されている稲田を荒らす強暴な大蛇として描かれている。そして強暴な大蛇の表現として、八つの頭と八つの尾があり、体には檜や杉が生い茂るという形容となった。そこでこれまでの学者は、肥河の毎年の洪水が稲田を害することを説話化したもので、大蛇の姿は暴威をふるう強暴な水の霊を形容したものであると解してきた。

もちろん、これには一応の筋道がたっている。しかし、稲田の守護神である蛇が、稲田を害するという話の筋は、本来からいうと、まともな話とはいえない。ではなぜそれが、年ごとに大蛇が稲田を荒らし食うという説話になったのであろうか。

それは前掲の阿用郷の説話を想起されるとわかることだと思う。おそろしい一つ目の山の神が、山田をつくる農夫を食うのを、その若者の父母が竹原に隠れてふるえている話が、モチーフを同じにして山村から農村に移ったとき、やはりおそろしい強暴な水の神としての大蛇が描かれ、しかも熊谷郷のように奇稲田姫命を部族の主神としている里へ伝えられたとしたら、男の農夫が食われるのに代わって、稲田を耕作する娘、すなわち稲田姫が食われるという話に変わってゆかざるをえないであろう。もちろん、この説を固執するものではない。洪水を大蛇と見、荒らされる稲田を助ける須佐之男命が、話の原形であったかもしれない。

次に須佐之男命が奇稲田姫を救うという説話は、阿用郷の説話からわかるように、もとは別の事柄であったはずである。さきに須佐之男命は飯石郡西部の神門川の流域で育ち、奇稲田姫命は飯石郡東部の肥河の流域で育てられたものであることを述べた。大蛇に食われる奇稲田姫を救う英雄として、もし飯石郡の人が考えるとしたら、まず誰を最初にあてるであろうか。当然考えられることは、郡内の男神であり、西の須佐之男命と東の奇稲田姫とが結ばれることはもっとも自然な成り行きであったであろう。

こうして飯石郡の人びとによって、須佐之男命と奇稲田姫とを中心としての大蛇退治の説話が構成されたものとみてよかろう。そしてこの二神の結びつきによって、本来は神門川流域に育った須佐之男命が、肥河を背景とする説話の中に、その座を占めることもできるようになったと思われる。

だが、この大蛇退治の説話が、飯石郡の人びとの間で語られていたころには、はたしてどの程度の規模をもった内容であったかは不明である。いずれ記紀神話としてこの説話が中央で取り上げられたときには、相当の粉飾と誇張が行なわれたものとみてよい。たとえば、大蛇の尾から得たという草薙剣の一件は、これこそ中央の神話創作者の手になることが明らかなものである。剣はその部族の主権の表徴である。根国を支配する神、出雲国の祖神である須佐之男命が、高天原の支配者である天照大神に神剣を献上するということは、降服を意味したものである。次いでそれは高天原から葦原中国へ天孫の降臨が行なわれるとき、大国主命の国譲りとなってあらわれる。この神代巻における降服は、さらに歴史時代の事件として投影し、崇神《すじん》紀六十年に出雲国の主権を表徴した神宝が朝廷へ献上され、それによって出雲国が滅亡する記事となってあらわれている。

こうした一連の関連を知るとき、須佐之男命が大蛇から得た神剣を天照大神に献上するという一項は、中央の神話創作者の考えによるもので、飯石郡での伝承にはなかったことがわかる。しかも、この大蛇退治の説話そのものが、この神剣の由緒を語るものとして利用され、取り上げられたものであることもわかるであろう。そのために、神剣の霊威を高める必要から、ことさらに八つ頭と八つ尾をもつ大蛇とされ(4)、また檜や杉が体に生えている形容もされるに至ったものと考えられる。それは草薙剣の神聖性・神秘性を語る必要があったからである。したがって、飯石郡での説話の原形は、もっと素朴なものであったとみてよいのである。

さらにこの説話のことで述べておきたいことは、山奥の飯石郡における説話が、中央で取り上げられるに至った径路のことである。肥河が三刀屋川と分岐する熊谷郷のところには、現在の木次町がある。その地名からも明らかなように、ここは木材の集積地であった。ここを起点として木材はさらに肥河をくだり、出雲郡へ流し出される。『出雲国風土記』の出雲郡出雲大川の条に、孟春《むつき》より起《はじ》めて季春《やよい》に至るまで、材木《くれき》を挍《かぞ》うる船、河の中を沿泝《のぼりくだ》る。

とあるが、陰暦正月から三月までの期間、材木を検閲する船が川を上下していた。そして、雪解けによる川の増水を待って、材木を下流へ流していたのであろう。こうした検閲に来る役人のほか、木流しの人夫たちも下流の人たちに故里の説話伝説を語ることが多かったであろう。

こうして大蛇退治が肥河に因む説話として、日置部臣《ひおきべのおみ》や大臣《おおのおみ》を通じて、中央の人びとの耳に入っていったものとみてよい。しかし、そのころ語られたこの説話は、現在記紀に見るほどの充実した内容と構成をもつものではなく、まことに素朴なものであったであろう。それは須佐之男命にしろ、奇稲田姫命にしろ、大神ではなく地方的な神であったことからでも推察できることである。

注

(1) 簸川《ひかわ》郡佐田村東須佐の塚松山という山丘には、尾根筋のやや平坦な個所に六つの箱式棺が群集し、山腹には横穴群（五穴開口）、さらに麓には横穴式石室をもつ径約一〇メートルの円墳一基がある（池田満雄氏「出雲地方における古代文化の展開」『日本考古学の諸問題』所収)。一七四頁の図版に示した横穴は、山道を拡げるときに発見された。大きなもので奥行三・一五メートル、幅二・一メートルである。

（2）「久志伊奈太」につづく「美等与麻奴良」の解釈は明らかでない。後藤蔵四郎氏の『出雲風土記考証』では「御床を与えて共に寝ること」、加藤義成氏の『出雲国風土記参究』では「奇しく神秘な御霊をもって、稲田を守る豊かに美しい玉のような神」の意としている。参考までに記しておく。

（3）この古墳は飯石郡三刀屋町字給下、三屋神社の背山をのぼること一〇〇メートルの丘上にあり、昭和三十七年に発掘、松本一号墳と呼ばれ、車塚形式とされている。そして同じ丘上に未調査の方墳と円墳が並んで認められる。

（4）八俣の大蛇のことは『古事記』には「高志の八俣遠呂智」と記されて、越の国からこの大蛇が年ごとに来ることになっている。『出雲国風土記』の意宇郡母理《もり》郷・拝志《はやし》郷には「越の八口」という表現がみられるが、越の国から来る八俣の大蛇の構想は、こうした伝承に負うているものと考えられる。

三　須佐之男命の出自

記紀の出雲神話では、須佐之男命《すさのおのみこと》は出雲の神々を代表する最高の祖神として記されている。だが、これまで述べてきたことで明らかなように、須佐之男命は神門川《かんどがわ》中流の一地方的神として発生したものにすぎず、出雲国を代表する光栄ある祖神として、優遇される資格をもつものではなかった。それなのに、どうしてかくも光栄ある地位を与えられ、さらには皇室の祖神である天照大神《あまてらすおおみかみ》の弟神という関係で結ばれるまでになったのであろうか。

出雲国が神話の裏方として選ばれたことについては、すでにさきに述べたが、高天原に対して根国《ねのくに》、顕国《うつしくに》に対して黄泉国《よみのくに》、善霊に対して悪霊、こうした陰陽の二原の理は、神話構成の上での基本的思想であった。したがって、陽神と陰神の和合によって国土が修固され、神々が生まれるが、古い形としては最高神として日月二神が生まれ、日の神は高天原を、月の神は夜の国を治めるという構成であったと思う。

その後、天皇を中心とする中央集権の確立を計るという線に沿って編纂された神話においては、天皇のもつ統治権の尊厳と神聖性を示す必要から、政治的思想のもとに改修された。国つ神を征服した天つ神による国土経営の正当性を、天皇が現実に統治する国土の上において示そうとしたのである。そこに征服される現実の国として、出雲国が選ばれたのであった。そのために根国・黄泉国としての性格も、また出雲国は負わされたのである。

ところが、高天原に対する根国の統治者としては、陰陽の理からは月の神があてられるべきであろうが、日月ともに天にあることから、根国の統治者として出雲の神があてられたのである。そこまでの作為はよかったといえるが、この根国の統治者を、宇宙の創造神である伊邪那伎命《いざなぎのみこと》・伊邪那美命《いざなみのみこと》の出生の子から除外することはできない。そのため日の神・月の神・須佐之男命という三貴子を生むことになった。

これは陰陽の理からはずれていたが、さらに、女神・男神・男神という組み合わせ、また自然神・自然神・人格神という不合理な三神対立の結果を招くことにもなった。この不合理は神話研究者を悩ませ、ついには須佐之男命の強暴な性格から、嵐神であると解しようとさえした。しかし、それによって矛盾が解消されたわけでもない(1)。

しかし、それはさておき、三貴子の誕生のところを『古事記』によってみよう。

吾《あれ》は子《みこ》生み生みて、生みの終《はて》に、三貴子を得たり。すなわちその御《み》頸珠《くびたま》の玉の緒もゆらに取りゆらかして、天照大御神に賜いて詔《の》りたまわく、汝が命は高天原を知ろしめせ、と事依《ことよ》さし賜いき。故《か》れ、その頸珠の名を御倉板《みくらた》挙《な》神という。次に月読命に詔りたまわく、汝が命は夜之食国《よるのおすくに》を知ろしめせ、と事依さしたまいき。次に建速須佐之男命に詔りたまわく、汝が命は海原《うなばら》を知ろしめせ、と事依さしたまいき。故《か》れ各依《よ》さし賜える命のまにまに知ろしめす中に、速須佐之男命、命《よ》さしたまえる国を治《し》らさずて、八《や》拳須《つかひげ》、心前《むなさき》に至るまで、啼《な》きいさちき。その泣きませる状《さま》は、青山を枯山如《な》す泣き枯らし、河海はことごとに泣き乾しき。ここをもて悪神《あらぶるかみ》の音、狭蠅《さばえ》なす皆満《わ》き、万《よろず》の物の妖《わざわい》、ことごとに発《おこ》りき。故れ伊邪那岐《いざなぎ》大御神、速須佐之男命に詔りたまわく、何のゆえにか汝《みまし》は事依させる国を治らさずて、哭《な》きいさちる。すなわち答えたまわく、僕は妣《はは》の国、根《ね》之《の》堅洲《かたす》国《くに》に罷《まか》らむと欲《おも》うが故に哭く。ここに伊邪那岐大御神、大《いた》く忿怒《いか》らして、然らば汝この国にな住むべからず、と詔りたまいて、すなわち神やらいにやらいたまいき。

根国の統治者としての須佐之男命は、一応は日の神の兄弟として生まれたことになっている。しかし、高天原の統治者としての天照大神へは、父神から統治権の表徴である玉が授けられるのに対し、須佐之男命は命令を聞かない悪神として描かれ、そして根国へ追放されるという形式がとられている。このように、まず高天原の統治者と根国の統治者、善神と悪神という関係で、天照大神と須佐之男命とが描かれているが、二神のこうした正反の原理にもとづいて、その後も二神をめぐる神話が展開してゆくのである。

右に掲げた記事は、須佐之男命が父神から見捨てられ、追放されたことを語ったものであるが、さらに高天原からの追放を明らかに示す必要があった。そこで、その第一段として、まず須佐之男命が根国へおもむく前に、高天原にいる姉の天照大神に会いに行く形式がとられる。だが、ここでも悪神としての姿を出すために、高天原へのぼるさまを、山や川が鳴りひびき、大地が揺れ動いたという表現で示している。第二段は、高天原へのぼって来る須佐之男命を、高天原を奪いに来るものと考え、天照大神は武装をして迎える。これに対し須佐之男命は、邪心があって来たのではなく、根国へ行く前に姉神に挨拶をしに来たのだという。そこで、その心の清く正しいことを証明するための誓約が行なわれる。

第三段は、心のあかしを立てながら、悪神としての本心を隠しきれず、高天原で次々と乱暴悪態を働く。天照大神のつくっておられる田の畦《あぜ》をこわし、溝を埋め、新米を食べられる御殿に大便を散らす。こうした悪態はさらに激しくなって、天照大神が機屋《はたや》で織っておられるときに、機屋の屋根に穴を開け、生き馬の皮を剝いで投げ込む。ここでついに天照大神は天石屋戸《あめのいわやど》に籠られ、高天原はもとより、地上の葦原中《あしはらなかつ》国《くに》まで真っ暗になる。そのため多くの悪神がはびこり、あらゆるわざわいが生じる。

第四段は、このため多くの神々が天安之河原《あめのやすのかわら》に集まって、日の神である天照大神を再び石屋《いわや》から引き出す対策を立てる。その策略が成功して、天照大神が石屋戸から出られ、もとの明るさが取り戻される。

第五段は、こうした須佐之男命の悪事に対し、多くの神々の協議の結果、須佐之男命に罪をつぐなうための多くの品物を出させ、また鬚《ひげ》や手足の爪を切り抜き、高天原から追放する。

第六段は、高天原での悪態の末に追放された須佐之男命は、根国へ向けて降りて行く。すなわち出雲国の肥河《ひのかわ》の上流である。ここで、前節に述べた大蛇退治が行なわれ、大蛇の尾から出た神剣を降服のしるしとして、高天原の天照大神のもとへ献上するのである。高天原に対する根国の降服である。

ところがこの第六段で、はじめて須佐之男命は奇稲田《くしいなだ》姫《ひめ》を救うという人間的情愛を示すことになる。しかし、これまで述べた須佐之男命の一連の悪態的な活動からわかるように、奇稲田姫を救うことがこの説話の主体ではなくて、第一には、おそろしい大蛇を退治することができるほどの強暴な性格の持ち主であることを示すことにあった。第二は、神剣の献上によって、根国の高天原への降服と服従を示すことにあったが、草薙剣の尊厳さを語るために、超自然的力をもつ大蛇から得られたとしたのである。第三は、根国である出雲国の祖神として奇稲田姫を娶《めと》り、次の神話のバトンを受ける大国主神《おおくにぬしのかみ》の父として位置づけることにあった。

したがって、根国すなわち出雲国の祖神には、実のところ、誰を選んであててもよかったのであるが、大蛇退治の説話を好個の資料として神話創作者が取り上げたことから、そこに名をつらねる須佐之男命に、出雲の神々を代表する祖神の地位を与えることになったのである。須佐之男命が本来、出雲の神々のなかで祖神的地位をもつ大神であったからではなかった。しかも、須佐之男命を祖神として用いることによって、肥河の下流域にあたる簸川《ひかわ》平野を発生的地盤とする次の立役者、大国主神へバトンを渡すためにも好都合であった。

このように、飯石郡《いいしのこおり》の一地方的神にすぎなかった須佐之男命が、天皇のもつ統治権の神聖性を保障するために、記紀神話のなかで作為的に大きく取り扱われた。そのため、出雲の神々の最高的地位にある祖神として、また皇室の祖神である天照大神の弟神としての、光栄ある地位を授かった。しかし須佐之男命はどこまでも悪神として、悪気を身にまといながら、根国へ落ちのびて行く者として描かれているのである。したがって、この一連の神話のなかで、須佐之男命は実は主役ではなく、道化的役割を負わされているものであった。さらにもっと明瞭にいうと、これらはただ高天原に対する根国の存在を説明するための前駆的神話として語られたものにすぎない。高天原と根国との真の対決は、次の大国主神による国譲りの神話で行なわれたのである。

まことに須佐之男命は悲劇的な神であったといえる。この悲劇は、その後も引き続いて起こった。『古事記』が世に出た四年後、出雲国造《いずものくにのみやつこ》は朝廷へ参向して神賀詞《かむよごと》を奏上したが、その祝詞《のりと》のなかで「伊射那伎《いざなぎ》の日真名子《ひまなご》、加夫呂伎《かぶろぎ》熊野大神櫛御気野《くしみけぬの》命《みこと》、国作り坐《ま》しし大穴持命《おおなもちのみこと》、二柱の神を始めて、百八十六社に坐す皇神等」と述べたことである。この熊野大神は本来、意宇《おう》平野に発祥した出雲族の最高神であって、須佐之男命と同神ではない。それをあえて「伊射那伎命の日愛子」という美称を冠して、須佐之男命と同神であるがごとく見せたのには、実は出雲国造の苦衷の策があったのである。

国造が代々斎《いつ》きまつってきた熊野大神は、記紀には取り上げられなかった。それに反して須佐之男命と大国主神とが、出雲の最高神として記されていた。そこでこの皇室神話にみずからを添わすよりほかに、出雲国造の生きる道はなかった。その方法として、前節までに述べたように、大国主神をまつる杵築大社《きづきたいしゃ》の創建のために、国造は杵築の地へ移転した。他方、『古事記』に須佐之男命が出雲の神々の祖神として記されているので、それは彼らの祖神熊野大神をさすものだとし、この二神を同神とすることによって、熊野大神の社の存続と発展とを策したのである。こうした作為のもとに、「伊射那伎の日真名子」という表現がつくり出されたのであろう。

実際、こうした政策的作為があったことにより、記紀に載らない熊野大神の社が、杵築大社とつねに同格の待遇を受けることができたのであった。『文徳実録《もんとくじつろく》』の仁寿《にんじゅ》元年（八五一）九月十六日の条に、「特に出雲国熊野、杵築両大神を擢んで、みなに従三位を加う」とあり、『三代実録《さんだいじつろく》』の貞観《じょうがん》九年（八六七）四月八日には、「出雲国従二位勲七等熊野神、従二位勲八等杵築神、みなに正二位を授く」とあり、延喜の制でもともに大社として扱われている。そして明治になっては、熊野社が国幣中社に、杵築大社が官幣大社に列格された。

現在でも熊野神社では、『社記』に祭神を熊野大神櫛御気野命と記しながら、須佐之男命の別名であると解いている。それほど長い歴史にわたって二神を同神だとしてきながら一般の人びとは少しも納得していない。信じきれないで、祭神には疑問を感じているのである。

こうした不審を抱かせるようにしたのも、熊野神社の祭神が時代とともに変様したからである。さきの神賀詞で祭神を模糊たらしめたことは、その後も尾を引いて『旧《く》事本紀《じほんぎ》』の陰陽本紀に「建速素戔嗚尊は出雲国熊野杵築神宮に坐す」となり、さらに中世以降には、享保《きょうほう》二年（一七一七）の『雲陽志』によると、速玉命・事解男命・伊弉冉尊三神をまつる上の社と、天照大神・素盞雄命などをまつり伊勢宮と呼ばれた下の社とに分かれたという。また本居宣長《もとおりのりなが》は、櫛御気野命の名は須佐之男命を称《たた》えた御名であるといい、その後『出雲風土記考証』をはじめ諸学者もこの解釈を採ってきている。

『令集解《りょうのしゅうげ》』巻七、『神祇令』第六に「謂。天神者。伊勢。山城鴨。住吉。出雲国造斎神等類是他。地祇者。大神。大倭。葛木鴨。出雲大汝神等類是也」とあって、大国主神は地祇、熊野大神は須佐之男命とみて天神であると定めている。こうした熊野神社の祭神についての誤りは、遠く出雲国造みずからが身の安泰を願うため、政策的手段としてとった作為に発するものであった。しかし、そうした無理は衆人を納得させるだけの力を持たず、初期のころは朝廷でも熊野神社を杵築大社より上位に置いて格づけをしていたが、しだいに杵築大社の下位に立つようになった。そして明治四年の社

須佐神社

格制定のときには、地祇の大国主神を祭神とする杵築大社が官幣大社になったのに反し、熊野神社は天神とされながら国幣中社とされ、大正五年になって国幣大社に昇格したのである。

須佐之男命はこのように熊野神社では祭神として浮き上がった存在なのである。これに対し明らかに須佐之男命という名のもとに祭神となっているのは、この神の故地である東須佐村の旧国幣小社須佐神社である。しかし、この神社も遅れて、明治三十二年になって国幣小社に列格した。こうしたところにも、この神の不幸があったといえる。

注

（1）　須佐之男命を嵐神と解した最初は高山樗牛（『古

事記神代巻の神話及び歴史』）で、高木敏夫（『日本神話伝説の研究』）、倉野憲司（『日本神話』）など同じく日月嵐という自然神格でとらえて、不均整を救おうとした。また女男男という配列から救うため、月の神と須佐之男命と同神であるとした意見には、本居宣長（『古事記伝』）、平田篤胤（『古史徴』）、姉崎正治（『素戔嗚尊の神話伝説』）などがある。

四　大国主神の説話の分析

大国主神《おおくにぬしのかみ》を祭神として杵築大社《きづきたいしゃ》が創建されたのは、さきに考証したごとく、『古事記』が撰修された七一二年から後の十年間、国造《くにのみやつこ》果安《はたやす》の在職中のことであった。この期間に、意宇郡《おうのこおり》大領《おおみやつこ》の職にありながら出雲国造は杵築に居を移し、天皇中央集権の確立のために編まれた『古事記』の線に沿って、国譲りした大国主神の社を創建したのであった。しかも、出雲国造が意宇郡から転居までして奉斎した杵築大社の大国主神ではあるが、本来は出雲国造と関連をもっていた神ではなく、肥河《ひのかわ》の北側の簸《ひ》川《かわ》平野を開発するにあたって、この新開地を守護する地主神としてまつられたものであった。

この地主神の名を、『古事記』だけが翻訳して大国主神という表現で用いた。『日本書紀』のなかにもこの名称が二個所でみられるが、ともに一書のところで、しかも『古事記』と同系の原文によったものである。したがって大国主神という表現は、『古事記』を撰修した作者の創意になるものとみてよいであろうが、こうした神名が国譲りの説話を発想せしめる原因ともなったと思われる。

すなわち、古き国土の経営者であった大国主神が、天つ神の皇孫のために国土を譲るという説話であるが、これは各部族が伝える降臨説話を、国家的スケールにおいて大きく取り扱おうとしたものであった。しかも、この大国主神の神格ならびに属性を高揚することによって、皇孫の天つ神としての権威と神聖性をもたらそうともしたのである。『古事記』が国譲りの説話のみで終わらないで、大国主神のいろいろな説話を長々と掲げているのも、そうした意図から出たものである。すなわち、旧国土の経営者であった大国主神を、多くの事績によって偉大な神にすればするほど、その偉大な神でさえ国譲りをしなければならなかった皇孫の権威が、見事に示されるからであった。

ところが『日本書紀』はこれに反して、大己貴神《おおなむちのかみ》という表現を用い、また主題である国譲りの説話だけを載せて、この神に関する他の説話は除外した。ただその一部だけを一書として取り扱った。この点が『古事記』と『日本書紀』の大きな相違である。

大国主神という新しい神名を創作したほどの『古事記』編者だけに、この神の説話を盛りだくさんに載せて神格を高め、ひいてはそれによって皇孫の権威を示そうとした。しかし『日本書紀』では、そこまでの作為と行き過ぎとを是正して、主題の国譲り説話だけに限定したわけである。そして出雲国での正しい呼び名に戻して、大己貴神という表現を用いた。だが、この名称の底には、やはり『古事記』編者に類した意図がうかがえるのである。

というのは、『出雲国風土記《いずものくにのふどき》』は大穴持命《おおなもちのみこと》、『播磨国風土記《はりまのくにのふどき》』は大汝命《おおなむちのみこと》、『古事記』で大穴牟遅神《おおなむちのかみ》と用いているが、これらはオオナヌシの転訛したものである。『日本書紀』の大己貴神という表現も右の発音によったものであるが、その発音に当てる漢字に「貴」の字を用いたことは、一応注意してよいことである。貴を神名に付けている例としては、『日本書紀』に日の神の大日孁貴《おおひるめのむち》があるだけである。これは大日孁尊とも表記されていることからわかるように、貴は尊・神・主と同義であるが、もっとも尊貴な神の称として、ことさらに「貴」が用いられている。『日本書紀』の編者も大己貴神という表現のなかに、そうした思想を含めているものと認めてよかろう。

右のようなしだいで、大国主神の研究は、この神を最初に取り上げた『古事記』の説話を中心として行なわれなければならないわけである。だが、この神の出自は、これまでに考証したごとく、未だ新開地の段階にあった杵築郷で、開拓農民の間にまつられていたのにすぎない神であった。そのために、この神についての直接の説話は、当の杵築の地ではまだ起こっていなかったか、あってもまことに素朴なものであったはずである。そこで『古事記』の編者は、この神と同系の各地の地主神の説話を集めて、大国主神の説話とした。そのことは『古事記』に載るこの神の説話をみれば、すぐわかることである。表面的にはこの神の一連の事績となっているが、よく見ると個別の説話の連結にすぎないことがわかる。また、こうした事情から、この神に限って異称が多いのである。それは各地方の説話を集めたことから起こったものとみてよかろう。『古事記』に、

大国主神、亦名は大穴《おおな》牟《む》遅《ち》神ともうし、亦名は葦原色《あしはらし》許《こ》男《お》神ともうし、亦名は八千《やち》矛《ほこ》神ともうし、亦名は宇《う》都《つ》志《し》国玉《くにだま》神ともうす。幷わせて名五つあり。

とあって五つの異称があるとされているが、『日本書紀』一書ではさらにこの上に大《おお》物主《ものぬし》神、大国玉《おおくにたま》神の二つの異称を加えて七つとしている。このように多くの異称をもつ神も珍しいが、これはこの神が偉大なためではなく、それほど各地の神の説話を、この神の説話としたことに基因したからである。

以上のことを念頭において、『古事記』にみえる大国主神の説話を調べてゆくことにしよう。

その説話の第一は、稲羽《いなば》（因幡）の白兎の話である。大国主神には多くの兄弟神があった。神々は稲羽の八上比売《やがみひめ》に求婚しようと考え、大穴牟遅神（大国主神）に袋をかつがせて、供として連れて行った。気多の岬についたとき、素っ裸の兎が横たわっているのを見た兄弟神は、「この海水を浴びて風にあたり、高い山の頂で横になっておれ」と教えた。教えのとおりにすると、海水が乾くのにつれて皮膚がひびわれ、その苦しさに泣き伏していた。

そこへ一番あとから来た大穴牟遅神が泣く理由をたずねられた。そこで兎は「わたしは淤岐《おき》島にいて、本土に渡りたいと思いましたが手掛かりがありません。そこで海のワニ（鮫）をだまして、わしとお前と同族がどっちが多いか少ないかを比べてみよう。お前の同族をみんな連れて来て、この島から向こうの気多の岬まで並べ。わしはお前たちの上を踏んで、走りながら数えて渡ろうといいました。ワニはだまされて並びましたので、わたしはその上を踏んで渡り、まさに地上におりようとするときに、お前はわしにだまされたのだ、と言い終わるか終わらないうちに、一番端にいたワニがわたしを捕えて衣服を剝ぎ取ってしまいました」といい、さきの兄弟神の教えのことも話した。

そこで大穴牟遅神は、すぐ河口に行って真水で身体を洗い、蒲《かま》の花を取って敷き散らし、その上にころんでいると全快することを教えた。兎は治って、「兄弟神は八上比売を得られないでしょう。袋をかついで賤しい姿をされているが、あなたこそあの比売にふさわしい人だ」という。

ところが、今井似閑が『万葉緯』の中に収めている「因幡国風土記逸文」によると、高草郷の地名説話として、この白兎の説話のあることを示している。

因幡ノ記ヲミレバ、カノ国ニ高草ノコホリアリ。ソノ名ニ二ノ釈アリ、一ニハ野ノ中ニ草ノタカケレバ、タカクサト云フ。ソノ野ヲコホリノ名トセリ。一ニハ竹草《たかくさ》ノ郡ナリ。コノ所ニモト竹林アリケリ。其ノ故ニカク云ヘリ。竹ハ草ノ長《おさ》ト云フ心ニテ竹草トハ云フニヤ。

其ノ竹ノ事ヲアカスニ、昔コノ竹ノ中ニ老タル兎スミケリ。アルトキ、ニハカニ洪水イデキテ、ソノ竹ハラ、水ニナリヌ。浪アラヒテ竹ノ根ヲホリケレバ、皆クヅレソンジケルニ、ウサギ竹ノ根ニノリテナガレケル程ニ、オキノシマニツキヌ。又水カサオチテ後、本所ニカヘラント思ヘドモ、ワタルベキチカラナシ。

其ノ時、水ノ中ニワニト云フ魚アリケリ。此ノ兎、ワニ、イフヤウ、汝ガヤカラハ何ホドカオホキ。ワニノイフヤウ、一類オホクシテ海ニミチミテリト云フ。兎ノイハク、我ガヤカラハオホクシテ山野ニ満テリ。マヅ汝ガ類ノ多少ヲカズヘム。コノシマヨリ気多ノ崎ト云フ所マデワニヲアツメヨ。一々ニワニノカズヲカズヘテ、類ノオホキ事ヲシラム。ワニ、ウサギニタバカラレテ、親族ヲアツメテ、セナカヲナラベタリ。其ノ時、兎、ワニドモノウヘヲフミテ、カズヲカズヘツ、竹ノサキヘワタリツキヌ。

其ノ後、今ハシヲホセツト思テ、ワニドモニイフヤウ、ワレ、汝ヲタバカリテ、コ、ニワタリツキヌ。実ニハ親族ノオホキヲミルニハアラズトアザケルニ、ミギハニソヘルワニ、ハラダチテ、ウサギヲトラヘテ、キモノヲハギツ。カクイフ心ハ、兎ノ毛ヲハギトリテ、毛モナキ兎ニナシタリケリ。

ソレヲ大己貴ノ神ノアハレミ給テ、ヲシヘ給フヤウ、カマノハナヲコキチラシテ、其ノウヘニフシテマロベトノ給フ。ヲシヘノマ、ニスルトキ、多ノ毛モトノゴトクイデキニケリト云ヘリ。ワニノセナカヲワタリテカゾフル事ヲイフニハ兎其ノ上ヲ踏ンデ読ムデ来タリ渡ルト云ヘリ。

『風土記』は記紀の影響を受けている点も多いので、右の逸文も『古事記』の文を借用したものだといえるかもしれないが、仔細に両者をくらべると、因幡国にもとから伝えられていた説話であったと断定してよいようである。
説話の第二は伯耆国《ほうきのくに》の手間《てま》の山麓で、兄弟神から、赤猪を山から追い出すからそれを捕えよと命じられた大穴牟遅神は、猪ならぬ焼石を抱かされて殺される。母神は泣き悲しんで高天原へ行って神産巣日《かみむすび》之命にそのしだいを申し上げる。そこで𧏛貝比売《きさがいひめ》と蛤貝比売《うむがいひめ》とが遣わされ、貝殻の汁を火傷の部分に塗って、大穴牟遅神を生きかえらすという内容である。

この手間は、ここでは伯耆国とされているが、実はこの手間山が出雲国と伯耆国の境界である。『出雲国風土記』の意宇郡のところに、「通路《かよいじ》。国の東の堺なる手間剗《せき》に通うは四十一里一百八十歩なり」とみえているが、手間剗は今の能義郡伯太町安田《のぎぐんはくたちょうやすだ》にあった関所の名である。出雲国の東端に位置するこの関から、手間山を越えた反対側が、『和名抄』にいう伯耆国の手万郷《てまのさと》にあたる。

また𧏛貝比売は赤貝、蛤貝比売はハマグリの擬人化であるが、この二神は『出雲国風土記』の嶋根郡の加賀郷《かかのさと》と法吉郷《ほうきのさと》との地名説話のなかに見られるものである。

> 加賀郷。郡家の北西二十四里一百六十歩なり。佐太大神の坐《ま》す所なり。御祖神魂《かみむすびの》命《みこと》の御子支佐加比売《きさかひめ》命、闇《くら》き岩屋なるかもと詔《の》りたまいて、金弓《かなゆみ》もて射たまいし時

に、光り加加明《かがや》けり。故《か》れ加加《かか》という。

法吉郷。郡家の正西一十四里二百三十歩なり。神魂命の御子、宇武賀比売《うむがひめ》命、法吉鳥に化《な》りて飛び度《わた》りて、此の処に静《しず》まりましき。故《か》れ法吉《ほうき》という。

とくに前者の支佐加比売命のことは、同郡の「加賀神埼《かかのかむさき》」の条にもみえ、これはさきの「出雲の大神たち」の節に原文を引用しておいた。そして、そこで考証したごとく、岬の岩窟を神体とする女神で、岬の神として信仰されていたものである。そして後に、佐太大神の母神という血縁関係をもって結ばれる。そこで少なくともこれら二神は、出雲国で信仰されていた女神であったとみてよかろう。

蛤貝《うむぎ》も『出雲国風土記』ではこの嶋根郡の北の海にのみ産物としてみえているものである。そして貝汁で火傷を治療するという民間療法も伝わっていたのであろう。しかし貝殻に出自するこれら女神は、地主神である大穴牟遅神とはもともと関連のないものであったと思う。ただ猪といつわられた焼石を抱いて、火傷で死ぬということから、これら出雲に伝わる貝の女神が治療者として引き合いに出されたものであろう。なお、猪の方の話は、その出所を明らかにすることができないが、あるいは手万郷の地名説話であったかもしれない。

説話の第三は、兄弟神はまた大穴牟遅神をだまして山へ連れこんで、大きな樹に楔《くさび》を打ちこみ、その木の間に入れて、楔を引き抜いて打ち殺す。そこで母神が探して見つけ、迫害から護るべく木国《きのくに》の大屋毘古神《おおやびこのかみ》のもとへ行かせる。兄弟はまたこれを追い、弓矢で射るが、大屋毘古神が大穴牟遅神を木の俣《また》から逃がすという話である。大屋毘古神は五十猛神《いたけるのかみ》ともいい、木の神である。『日本書紀』の一書に、

初め、五十猛神、天降ります時に、多《さわ》に樹種を将《も》て下りき。しかれども韓地《からくに》に殖《う》えずしてことごとく持ち帰りて、ついに筑紫より始めて、すべて大八洲国の内に播殖して、青山に成さずということなし。このゆえに五十猛命を称《たた》えて有功之神《いさおしのかみ》となす。すなわち紀伊国にまします大神これなり。

とみえている。ところが、常世国をあずかる神が須佐之男命となったことから、のちには植樹が須佐之男命と結ばれるようになり、同じく『日本書紀』一書に、須佐之男命の鬚や毛が杉・檜・槇《まき》・樟《くすのき》と化したといい、その次に、時に素戔鳴尊の子、号を五十猛命ともうす。妹は大屋津姫命《おおやつひめのみこと》。次に抓津姫命《つまつひめのみこと》。すべ

て此の三神。また能く木種を分布す。すなわち紀伊国に渡し奉る。

とあって、大屋毘古（五十猛神）と同腹の諱《いみな》をもつ大屋津姫の名もみえる。これら三神は『延喜式《えんぎしき》』の神祇臨時祭の巻で、名神大社として紀伊国名草郡のところに記載され、伊太祁曾《いたけそ》神社・大屋都比売神社・都麻都比売神社の社名がみえる。本来は須佐之男命とは関係なく、木の神としての伝承をもっていた神であろう。

こうした事情を知った上でさきの説話をみると、大穴牟遅神が木攻めにあったことから、木の神の助けを求めるために、紀伊国の大屋毘古神のもとへ行くという話になったのであろう。

説話の第四は、大屋毘古神にすすめられて須佐之男命のいる根之堅洲国《ねのかたすくに》へおもむく。そして須佐之男命の娘、須勢理毘売《すせりびめ》と門の外で会い、結婚して家に引き返し、姫が「大変奇麗な神が来られました」と父に告げる。父神が出て見られ、「これは葦原色許男《しこお》という神だ」といわれ、すぐ呼び入れられる。そして大穴牟遅神は蛇の室《むろ》、呉公《むかで》や蜂の室に寝させられて試練を受けるがその都度、妻の須勢理毘売が、その難からのがれることのできる呪具の比礼《ひれ》を与えて救うという話などである。

『古事記』ではこの須勢理毘売が大穴牟遅神の正妻とされているが、この女神の名は

『古事記』のほか、『出雲国風土記』の神門郡滑狭郷《かんどのこおりなめさのさと》の条に「和《わ》加《か》須世理比売命」としてみえるので、この滑狭郷の守護神としてまつられていた神であったと思われる。

しかも、もっと興味深いことは、加藤義成氏が『出雲国風土記参究』のなかで、大同医心方に神門郡大領の神門臣が家伝として、和加須世利比売の須世利薬を伝えていることを指摘していることである。神門臣の住居の本貫はもとは朝山郷《あさやま》であるが、天《てん》平《びょう》十一年の『賑給歴名帳《しんごうれきめいちょう》』では、かえって滑狭郷にもっとも多く住んでいて七戸を数える。そこで大領として選ばれた神門臣も、この滑狭郷の神門臣のなかから選ばれ、その彼の家伝として、滑狭郷の守護神の名をとった須世利薬を伝えていたのであろう。それだけにこの女神の名は、出雲国の神名であることが明らかであり、須佐之男命や大国主神との関係説話を生むに至ったものとみてよかろう。

ところが、「葦原色許男」という異称については、別に調べなければならない。この表現になる神名は、記紀ともに大国主神の異称を列挙した個所にみえるが、これは記事の性質上、考証のためには役立たない。その他では、『古事記』で少名《すくな》毘《ひ》古《こ》那神《なのかみ》の個所にみえ、「故《か》れ汝、葦原色許男命と兄弟となりて、その国を作り堅めよと答告りたまいき。故れそれより大穴牟遅と少名毘古那と二柱の神相並《あいなら》ばして、此の国を作り堅めたまいき」とある。少名毘古と葦原色許男との結び合わせはこの一例だけで、一般には大穴牟遅（大穴持命・大己貴神・大汝命）の名と結ばれて語られている。だが、そのことよりも注意すべきことは、右のほかは『播磨国風土記』にだけこの神名がみられるということである。そこでは五個所に載せられているが、しかも天日《あめのひ》槍命《ぼこのみこと》と関係して伝承されている神名である。

○宇波良村《うはらのむら》。葦原志許乎命、国を占めたまいし時に、此の地《ところ》は小狭《せば》くして室戸《むろと》の如しと勅《の》りたまいき。故《か》れ表戸《うわと》という。

○伊奈加川《いなかがわ》。葦原志許乎命と天日槍命と国を占めたまいし時に、嘶《いなな》く馬ありて此の川に遇《あ》えり。故れ伊奈加川という。

○奪谷《うばいだに》。葦原志許乎命と天日槍命と二神、此の谷を相奪いたまいき。故れ奪谷という。その相奪いし由を以て、形曲れる葛の如し。

○御方里《みかたのさと》。御形《みかた》と号《なづ》くる所以は、葦原志許乎命と天日槍命と、黒土の志尓嵩《しにだけ》に到りたまいて各黒葛《つづら》三条を足に著《つ》けて投げたまいき。その時、葦原志許乎命の黒葛一条は、但馬の気多郡に落ち、一条は夜夫郡に落ち、一条は此の村に落ちき。故れ三条《みかた》という。天日槍命の黒葛は、みな但馬国に落ちき。故れ但馬の伊都志《いづし》の地を占めていましき。

。粒丘《いいぼのおか》。粒丘と号《なづ》くる所以は、天日槍命、韓国より度《わた》り来て、宇頭《うづ》川の底《ほとり》に到りて、宿処《やどり》を葦原志挙乎命に乞いていえらく、汝は国の主なり。吾が宿らむ処を得欲《おも》しといいしに、志挙乎命、すなわち海の中を許しき。その時、客神劒もて海水をかきて宿りき。主の神、すなわち客神の盛行《いきおい》を畏みて、先きに国を占めむと欲いて、粒丘に巡り上《のぼ》り到りて飡《みおし》す。此に口より粒落ちき。故れ粒丘と号く。その丘の小石、みな能く粒に似たり。また杖もて地に刺ししに、すなわち杖のところより寒泉《しみず》涌《わ》き出でて、ついに南北に通えり。北は寒く南は温し。

最後の記事は揖保郡《いいぼのこおり》、その他は宍禾《しさわ》郡に属す地名説話である。それにしても、この神の名が『播磨国風土記』にだけ見えることは注意に価することであるし、またこの説話の発生が播磨国にあったものとみてよかろうと思う。

『播磨国風土記』にみる右の五つの記事では、葦原色許男命を別に地主神としては性格づけていないが、一貫してうかがわれることは、国の開拓者・統治者としてみられていたことである。そういう点から、大穴牟遅神と結びつけられるようになったものであろう。

さらに関心がもたれることは、天日槍命との関係である。『姓氏録《しょうじろく》』の右京諸蕃・

摂津国諸蕃の新羅の項に「三宅連。新羅国王の子、天日桙命の後なり」とあるが、垂《すい》仁《にん》朝のとき不老長寿の薬を探しに南方へ遣わされ、橘を求めて帰国した田道間守《たじまもり》は三宅連の始祖で、天日槍の子孫である。天日槍のことは『古事記』では応神、『日本書紀』では垂仁の朝に記され、ともに神宝を到来し、但馬に居住したとされている。

その八種の神宝のなかに、『古事記』では玉・鏡のほか、振浪比礼・切浪比礼・振風比礼・切風比礼の四つの比礼《ひれ》が含まれている。比礼は神事に仕える者が肩にかける白布で、害虫や毒蛇など魔よけの呪力をもつものとされている。右の四つの比礼は、これを振ることにより浪や風を静める呪術的力をもつもので、新羅から海を渡って来るために必要とされたものであろう。

さきの説話では、大穴牟遅命が蛇の室に寝させられたときは、妻の須勢理毘売が蛇《へみ》の比礼を与えて救い、呉公蜂《むかでばち》の室に入れられたときは、呉公蜂の比礼を与えて救うと記されている。この蛇の比礼や呉公蜂の比礼は、物部氏の伝承にもみられ、『旧事本紀』によると、饒速日命《にぎはやびのみこと》が天から凡河内国《おおしこうちのくに》に降臨したとき十種の神宝が奉持されたが、その内訳は鏡二・剣一・玉四・比礼三で、しかも蛇比礼・蜂比礼・品物比礼と記されている。したがって、呪具としての比礼の思想は大和地方にも認められ、あるいは、広範囲に信じられていたとみてもよいもので、信仰圏を地域的に限定することはできない。とはいうものの、比礼についての説話は、やはり神宝として比礼を奉持している部族なり土地に生じやすいとみてよいであろう。

そうなれば、天日槍が住んだ但馬国で発生した説話とも考えられる。だが、その『但馬国風土記《たじまのくにのふどき》』は伝わっていないので、その当否を判断することができない。さきに掲げた『播磨国風土記』の四番目の記事でも、天日槍は但馬国出石に住んだと伝えているが、近隣の国だけに天日槍のことが播磨国の説話ともなったのであろう。またその記事で、葦原色許乎命を播磨国の神としている点は注意すべきであろう。少なくとも葦原色許男命という名からいっても、また比礼の信仰からいっても、もと出雲国とは関係のなかった説話であったことだけは断定してよい。

説話の第五は、大穴牟遅神は寝ている須佐之男命の髪を、室の垂木に結びつけ、大岩で入り口を塞ぎ、妻の須勢理毘売を背負い、須佐之男命の生大刀《いくたち》・生弓矢《いくゆみや》・天沼琴《あめのぬこと》を持って逃げ出す。ところが、天沼琴が樹にふれて大地が鳴動した。この音で須佐之男命は目覚め、大穴牟遅神のあとを追って黄泉比良坂《よもつひらさか》まで行き、はるか遠くに逃げて行く大穴牟遅神に大きく声をかけ、「おまえが持っている生大刀・生弓矢で、腹違いの兄弟どもを山の坂に追い伏せ、河の瀬に追い払って、おまえは大国主神となり、また宇都志国玉神《うつしくにたまのかみ》となって、わたしの娘の須勢理毘売を正妻とし、宇迦能山《うかのやま》の麓に壮大な宮殿を造っておれよ、こ奴《やつ》め」という。そして、その大刀と弓矢で兄弟を追い払って、国を作りはじめられたという話である。

右は須佐之男命から大穴牟遅神へ統治権が移譲されたことを告げるものである。したがって長く遍歴してきた大穴牟遅神の終着点として、この神をまつる場所が指示されている。黄泉比良坂の「ひら」は、傾斜地を意味する方言として全国にひろく分布しているが、この黄泉比良坂のことが『出雲国風土記』の出雲郡宇賀郷《うかのさと》の条にみえる。宇賀郷の日本海側の西端、猪目《いなめ》の集落の近くに黄泉の坂・黄泉の穴と呼ばれるところがある。この『風土記』の記事や考証については、のちの六節の項を参照されたい。

この黄泉の坂まで追ってきた須佐之男命が、娘婿の大穴牟遅神に向かって、宇迦能山の麓に宮殿を建てて住むようにと呼びかける。この宇迦能山は、もちろん宇賀郷の山をさすものであろう。ところが、この宇賀郷は口宇賀・奥宇賀を本郷とし、西は猪目・唐川・別所の集落をもって限りとするので、宇迦能山とはその郷内の山をさすものと解される。そうなると、現在、大国主神をまつる杵築大社は、宇賀郷の西に接する杵築郷内なので、この記事とは合致しない場所だといえる。のちの『出雲国風土記』によると、

> 出雲御埼山。郡家の西北二十七里三百六十歩なり。高さ三百六十丈、周り九十六里一百六十五歩あり。西のふもとに、いわゆる天の下造らしし大神の社ます。

とみえており、この出雲御埼山は宇賀郷の旅伏山から日御碕までを含む山塊とされているので、「宇迦能山」もそのなかに含まれている。そこで当時は宇迦能山というのが、『風土記』のいう出雲御埼山と同義であったかもしれない。このように、たとえ譲歩して考えてみても、もしこの時代にすでに杵築の地に大国主神の神殿が建っていたならば、『古事記』は漠然とした宇迦能山の麓という表現ではなくて、杵築の地名を指示したものと考えられる。

実は記紀ともに、杵築の地名や杵築大社という名を載せていないのである。この事実は注意すべきことであろう。少なくとも『古事記』の撰修されたときには、まだ杵築の地に大国主神はまつられておらず、その後に宇迦の山麓に宮柱を立てるという『古事記』の記事と、伊那佐（稲佐）の小浜で建御雷神《たけみかづちのかみ》と大国主神が国譲りの談判をするという記事によって、出雲国造が宇迦能山に近い杵築の地に大国主神をまつる神社を創立したものと思われる。これらのことからみても、杵築大社の創立は『古事記』の撰上されて後であることは明らかである。

説話の第六は、ここで八千矛《やちほこ》神という名とかわり、高志国の沼河比売《ぬなかわひめ》に求婚しようとして行くものである。長文の恋愛歌が記されているが、この挿話はこの恋愛歌を載せたいためのものであったと思われる。しかし、この恋愛歌が大国主神のものであったと考える必要はない。というのは、この説話にいたって突然、名前が八千矛神という異称で呼ばれているからである。この八千矛神の名こそ、この恋愛歌の本来の主人公の名であったであろう。しかも八千矛神とは、武勇すぐれた理想像の神につけた名で、その武勇たけた若者が妻を求め、その妻を残して戦いのために遠く旅立つことをつづった叙事詩である。もちろん、この恋愛歌がどこの地で伝えられていたものかは不明である。

だが、沼河比売の名は、『出雲国風土記』の嶋根郡美保郷《みほのさと》の条にもみえる。

美保郷。郡家の正東二十七里一百六十四歩なり。天の下造らしし大神命、高志国にます神、意支都久辰為命《おきつくしいのみこと》の子、俾都久辰為命《へつくしい》の子、奴奈宜波比売命《ぬながわひめ》に娶《みあ》いて産みませる神、御穂須須美命《みほすすみ》、この神坐《いま》す。故《か》れ美保という。

意支都久辰為《おきつくしい》神・俾都久辰為《へつくしい》神とは沖つ辺つの霊妙な神の意で、海の神とみてよい。その子の奴奈宜波比売《ぬながわひめ》命、すなわち『古事記』の沼河比売は川の神ともみられるが、『和名抄』の越後国頸城《くびき》郡に沼河郷の名がみえ、『延喜式』神名帳に奴奈川神社のあるところからすると、この沼河郷の部族がまつっていた守護神で、沼河とはただの地名であると考えた方がよさそうである。したがって、この神は古志国（新潟県）の神であることが明らかである。

嶋根郡美保関の美保神社の祭神、御穂須須美命と母子関係で結んだのは、出雲国との関連をもたせるための後の考えによるものであろう。いずれにしても高志国の沼河比売と大国主神とはもとは関係のなかったものとみてよい。八千矛神という名も、あるいは古志国の沼河郷で伝えられていたものではなかったのであろうか。

説話の第七は、少名毘古那神《すくなびこなのかみ》と協力して国作りをする話である。大穴牟遅神が出雲の御大《みお》（美保）の岬にいるとき、蘿摩《かがみ》（ガガ芋）船に乗り、鵝《おおかり》（火虫）の皮を着物として、波に乗って来る神があった。その名を誰も知らなかったが、くえびこ（案山子）が知っていて、神産巣日神《かみむすびのかみ》の御子の少名毘古那神だと教える。そこで神産巣日神におたずねすると、「たしかにわたしの子で、わたしの手の俣《また》から漏れた子である。葦原色許男命と兄弟となって、国を作り堅めよ」という。それ以来、大穴牟遅と少名毘古那と二人の神が協力して、この国を作り堅められた。その後、少名毘古那神は常世国へ渡って行かれた。

『日本書紀』も一書にこの神のことを伝えているが、「またいわく、淡嶋に至りて、粟茎《がら》に縁《のぼ》りしかば、すなわち弾《はじ》かれ渡りまして、常世郷に至りましき」とみえている。これと同じ伝承は「伯耆国風土記逸文」として『釈日本紀《しやくにほんぎ》』に、

伯耆国風土記にいわく、相見郡《おうみのこおり》。郡家の西北に余戸里あり。粟嶋あり。少日子命、粟を蒔きて、莠実離々《よくみのりけるとき》、すなわち粟に載《の》りて、常世国に弾かれ渡りたまいき。故《か》れ粟嶋という。

とみえている。相見郡は出雲に近い郡である。農耕神として見ていたものとしては、『出雲国風土記』の飯石郡多禰郷《たねのさと》の条にあり、

多禰郷。郡家に属《つ》けり。天の下造らしし大神大穴持命、須久奈比古命と、天の下を巡行《めぐ》りたまいし時、稲種を此処に堕《おと》したまいき。故れ種という。

とみえている。なお、同系のものとして『播磨国風土記』の揖保郡の稲積山《いなつみやま》の条に、

稲積山。大汝命・少日子根命、二柱の神、神前郡聖里《はにのさと》生野之岑《みね》にまして、この山を望み見てのりたまわく、彼の山は稲種を置くべしとのりたまいき。すなわち稲種をこの山に積ましむ。山の形も稲を積めるに似たり。故れ号《なづ》けて稲積山という。

とある。農耕神としての伝承がもたれていたことが認められる。さらに『伊予国風土記逸文《いよのくにのふどきいつぶん》』や『伊豆国風土記逸文《いずのくにのふどきいつぶん》』には温泉での治療のことがみえているが、これなどは大穴牟遅神が白兎を治療した故事から、医薬の神として後にこじつけたものとみてよいものであろう。

いずれにしても、この少名毘古那神の出自については、発生的地域を明らかにすることができない。中でも『播磨国風土記』には三個所にその名が認められるので、出雲に近い地方での説話であったことは事実であろう。

『古事記』は少名毘古那神、『日本書紀』一書は少彦名命、そのほか各風土記では少日子命・少日子根命・小比古尼命・須久奈比古命・宿奈毗古那命などと表記している。この語義としては、大名主（大地主）に対する少名彦名（小地主）で、常に二神

が一組として活動する点から、和魂・荒魂という関係があるのかもしれない。しかし、孝元《こうげん》天皇の子の大毘古命の弟を、少名日子建猪心命といったりするところをみると、少名日子の「少名」は「地」の意味ではなく、小さいことと幼いことを少名といったものである。

　さて、以上のごとく大国主神の説話を分解して調べたわけであるが、そのなかには判定のつきかねるものもある。しかし、その多くはもと大国主神と関係のなかった説話が、大国主神の事績として結ばれたものであることが明らかである。それは大国主神を輝かしく偉大な神にするために採られた処置であった。だが個々の、しかも地方を異にする説話が採用されたために全体としては一応まとまっているようにみえるものの、一つ一つの説話は独立している状態を示す結果ともなった。またさきにも述べたが、このように各地の異質な説話が一つの神の事績としてまとめられたことから、大国主神の名には多くの異称が生じることにもなった。

　こうした矛盾に気づいたことによるのであろうが、後の『日本書紀』には『古事記』が載せるこれら大国主神の事績を除去しているのである。異説を「一書に曰く」として掲載する『日本書紀』が、あえて大国主神の事績についてのみ除去したということは、注意しなければならない重要な事柄である。『古事記』は皇室中心の神話の裏方として、出雲神話を新しくつくったものであるだけに、出雲神話の構成に力をそそぎ、新しい神である大国主神の宣伝のために多くの事績をつくり上げたのであろう。

なお、大国主神の説話はさらに続いて、大和国の御諸山《みもろやま》の神との関係を述べている。この両者の関係は問題があまりにも大きいので、節を改めて述べることにしたい。

五　三輪・賀茂氏との関係

大国主神《おおくにぬしのかみ》の事績は、国譲りの説話に至るまでにもう一つある。それは大和国のもっとも古く有力であった三輪氏一族との関係を述べたものである。短い文であるが、しかしこの記事がもたらした影響は、ただ神話の上にとどまらないで、政治の上に大きな変化を生ぜしめる結果となった。

その問題の内容は、少名毘古那神《すくなびこなのかみ》に去られた大国主神は、自分一人では国を作ることができないが、どの神と協力して国を作ったらよかろうかといわれる。そのとき海を照らして寄って来る神があった。そして「わたしをよくまつるならば、あなたと協力して国作りを完成させよう。もしそうでなければ国は作れないであろう」という。そこで、どうしてまつったらよいかをたずねられると、その神は「わたしをば倭の青垣山の東の山上にまつれ」と答えられた。これが御諸山《みもろやま》にいる神であるという。

大和国の御諸山にまつる神は、大和の地に古くから土着する豪族三輪氏の斎《いつ》く大物主神《おおものぬしのかみ》である。大物主の「もの」は、神の古称である。この神は崇神《すじん》紀の三輪伝説が示すように大蛇で、海とは関係がない。それを海を照らして寄ってきた神だと述べているのは、さきの大国主神と海から渡来した少名毘古那神との関係説話を、再び出雲国と大和国の神との関係で再現したいという意図から出たためと思われる。

すなわち、根国《ねのくに》なる出雲国を代表する大国主神と現実に中央の大和国に古くから居住する豪族の神を代表する大物主神とが、協力して国作りを完成し、それを天つ神である皇孫に国譲りするという構想のもとにつくられた説話であろう。それだけに、この説話は古くから伝えられていたものではなく、『古事記』の編者が撰修にあたって創作したものといえる。

ところが、ここで大切なことは、『古事記』は大国主神と大物主神とを同神だとみているのか、それとも別神として取り扱っているのかということである。大国主神と少名毘古那神との関係は、つねにいっしょに活躍していることや、神名の大小の組合わせなどから、一神の和魂・荒魂としての関係のごとくにもみえる。大国主神と大物主神との関係も、その延長として取り上げられたものだとすると、同様な関係が成り立つわけである。

しかし、記事の表面では、大国主神と大物主神とは別神として扱っているようである。『古事記』が大国主神の異称五つの神名を列挙したなかにも、大物主神がみえないので、別神として取り扱っていることは明らかである。だがそうはいうものの、つかず離れずという関係がほの見えもして、その点が判然としないためであったのか、後の『日本書紀』一書では、大国主神の異称として大物主神の名を挙げて、明らかに同神であるとした。しかもその文の中で、

この時、大己貴神《おおなむちのかみ》問いていわく、然らばすなわち汝は是れ誰ぞ。対《こた》えていわく、吾は是れ汝が幸魂奇魂なり。大己貴神のいわく、唯然《うべしか》り、すなわち汝は是れ吾が幸魂奇魂なりけりと知りぬ、今何処にか住まんと欲《おも》うや。対《こた》えていわく、吾は日本国《やまとのくの》の三諸山《みもろやま》に住まんと欲《おも》うと。故《か》れすなわち宮を彼処に営《つく》りて、就《ゆ》きてましまさしむ。これ大三輪之神なり。

とあって、この神の子が甘茂君《かものきみ》ら、大三輪君《おおみわのきみ》ら、さらに神武天皇の后となった姫蹈鞴《ひめたたら》五十鈴姫命《いすずひめ》であると記している。

この『古事記』から『日本書紀』一書の記事への発展、すなわち大和国の大物主神を大国主神の幸魂・奇魂として同神であるとみたことは、まことに大きな変化で、日本古代史をゆさぶる結果を招いた。それは大和国のもっとも古く有力な部族の一つであった三輪氏の一統を、出雲族系とみるようにさせ、大和へも早くから進出していた

強大な出雲国が想定されるようになったからである。

しかも三輪氏が信奉する大物主神だけでなく、同じ『日本書紀』一書の大国主神の異称を列挙したなかに、大国玉神《おおくにたまのかみ》の名まで加えて、『古事記』の異称五つの上に、さらに二つの異称まで加えた。崇神紀には天照大神を笠縫邑《かさぬいのむら》にまつるとともに、天皇系以外の豪族の神である大物主神と大国魂神とをまつったことがみえているが、これらの二神は大和国の神々を代表する大神とされていたのである。そうした神を、名称や属性が似ているということで同神とした。これによって出雲の一大国の幻が生じたのである。

しかし、大物主神と大国魂神とは明らかに別神である。それは崇神紀にこの二神をまつったしだいの記事をみるだけでも十分である。ところが不思議なことに、さきの『日本書紀』一書で、大物主神は大国主神の幸魂・奇魂で同神だと記しながら、記紀はその他のところで、この二神が同神であることをどこにも示していないのである。

そしてたとえば、大物主神の最初の神主となった大田《おおた》田《た》根《ね》子命《このみこと》も、崇神紀によると、その出自は「父をば大物主大神といい、母をば活玉依媛《いくたまよりびめ》という。陶津耳《すえつみみ》の女なり」と記していて、出雲の大国主神との血縁には触れていない。

ところが『旧事《くじ》本紀《ほんぎ》』は、この大田田根子命を「この命、出雲国神門臣《かんどのおみ》の女、美気姫を妻として大御気持命を生む」と記し、出雲国の神門臣と関係づけている。また『姓氏録《しょうじろく》』では三輪氏の一統は大物主神の子孫とは記さないで、大国主神の裔であるとしている。なぜこのように三輪氏みずからも大国主神を彼らの祖神として求めるようになったのであろうか。まず参考までに、三輪氏一統を『姓氏録』でみてみよう。

大神《おおみわ》朝臣　素佐能雄命の六世の孫、大国主命の後なり。（大和国　神別・地祇）

賀茂朝臣　大神朝臣と同じき祖、大国主神の後なり。大田田禰古命の孫、大賀茂都美命（一名は大賀茂足尼）、賀茂神社を斎き奉りき。（大和国　神別・地祇）

神《みわ》人《びと》　大国主命の五世の孫、大田田根子命の後なり。（摂津国　神別・地祇）

神　直　上に同じ。

崇神朝に全国の天社国社の祭祀に先んじて、天照大神とともにまつったというほどの大物主神は、その神を斎きまつる三輪氏の豪族ぶりを示すものである。記紀にはいくつかの三輪伝説をのせ、その伝説に負うその氏族の女、媛蹈鞴五十鈴媛命《ひめたたらいすずひめ》を神武《じんむ》天皇が后としたというのも、やはりこの氏族の偉大さを証明するものである。それほど大和国の勢力ある古豪の三輪氏が、記紀の本文には明記せず、ただ『日本書紀』一書にだけみられる大国主神との同神説をもって、氏族の系譜に祖神大物主神の名を用いないで、なぜことさらに大国主神の子孫だと記すようになったのであろうか。もちろんそうすることの方が、一族の利益になると考えたからのことであろうが、それほど出雲族系とみられることに政治的利益があったのであろうか。

『古事記』の撰上の四年後の霊亀《れいき》二年（七一六）二月に、出雲国造《いずものくにのみやつこ》果安《はたやす》は朝廷に参向して神賀詞《かむよごと》を奏上した。その後は国造就任ごとに、この神賀詞を奏上することが恒例となり、平安時代の中ごろまで続いたようであるが、そのとき奏上する神賀詞の儀礼化したものが『延喜式』に載っている。そのなかに左の一文がみえる。

大穴持命の申し給わく、皇御孫命《すめみまのみこと》の静まり坐さむ大倭国と申して、己命の和魂を八《や》咫《た》鏡に取り託《つ》けて、倭大物主櫛瓺玉命《くしみかたま》と名を称《たた》えて、大御和《おおみわ》の神奈備《かむなび》に坐《ま》せ、己命の御子、阿遅須伎高孫根命《あぢすきたかひこね》の御魂を葛木《かつらぎ》の鴨《かも》の神奈備に坐せ、事代主命の御魂を宇《う》奈提《なで》に坐せ、賀夜奈流美命《かやなるみ》の御魂を飛鳥の神奈備に坐せて、皇御孫命の近き守神と貢《たてまつ》り置きて、八百丹《やおに》杵築宮に静まり坐しき。

国造果安が初めて神賀詞を奏上したときの文は、右といくらか異なっていたと思うが、その内容においては大きな差はなかったはずである。ところで、右の神賀詞の祝詞からもわかるように、出雲国造家も三輪氏一統の祖神である大物主神と、みずからの大国主神とが同神であることを主張している。なぜ記紀が本文には取り上げていない大国主神と大物主神との同神説、ひいては三輪氏一統の出雲族系に属することを、出雲国造も三輪一族もあえて認めようとしてきたのであろうか。

三輪氏の一統が出雲族系であるという見解を出させるようにした張本人は、実は『古事記』なのである。というのは、『古事記』が三輪氏と同じ古豪の葛城《かつらぎ》の鴨（加茂）にまつる神、八《や》重事代主命《えことしろぬしのみこと》と味鉏高彦根命《あじしきたかひこね》を、大国主神の子として記したことに原因するからである。

この大国主神、胸形《むなかた》の奥津宮にます神、多紀理毘売命《たきりびめ》に娶《みあ》いて生みませる子、阿遅《あじ》鉏高日子根《しきたかひこね》神。次に妹高比売命《たかひめ》、またの名は下光比売命《したてるひめ》。この阿遅鉏高日子根神は、いま迦毛《かも》大御《おおみ》神《かみ》ともうす者なり。大国主神、また神屋《かむや》楯比売《たてひめ》命に娶いて生みませる子、事代主神。

とみえ、国譲りの説話のところでこの二神は舞台に現われる。ことに事代主命は父の大国主神に代わって、国譲りを言上する立役者である。

『延喜式』の神名帳をみると、大和国葛上郡（南葛城郡）のところに社名が見える。

　鴨都《かもつ》味《み》波《は》八重《やえ》事代主命《ことしろぬしのみこと》神社二座
　高鴨《たかかも》阿治《あじ》須《す》岐《き》詫彦根命《たかひこねのみこと》神社四座

前者の祭神二座は八重事代主命・下照姫命《したてるひめのみこと》、後者の四座は味鉏高彦根命《あじしきたかひこねのみこと》・下照比売命・多紀理毘売《たきりびめ》命・天稚彦《あめわかひこ》命で、ともに名神大社である。神話では味鉏高彦根命の母が多紀理毘売命、妹が下照姫命で天稚彦命の妻である。国譲りの談判のために高天原から派遣された天稚彦は、下照姫を娶《めと》って八年になっても復命せず、高天原から射られた矢にあたって死ぬ。その喪を弔いに味鉏高彦根命が来る。これらはみな国譲り説話に登場する神々である。

この鴨の二社は、鴨氏が斎きまつる神であった。『姓氏録』にみえる賀茂朝臣である。ところが、この神社の神戸が古くから出雲国に置かれていた。『出雲国風土記』の意宇郡のところに、

大和葛城の高鴨神社

賀茂神戸。郡家の東南三十四里なり。天の下造らしし大神命の御子、阿遅須枳高日子命、葛城の賀茂の社にませり。この神の神戸なり。故れ鴨という。

この賀茂の神戸は、現在の安来市大塚の東部付近にあった。右の『風土記』によると、葛城にある二社のうち、味鉏高彦根命をまつる高鴨神社の方の神領であったことがわかる。この賀茂神戸と葛城の鴨神社との関係を示す当時の具体的史料としては、天平六年の『出雲国計会帳《いずものくにけいかいちよう》』に、

十一月、一、十四日賀茂に進上《たてまつ》る神税、糸壱佰斤に交易する事。

一、同日鹿皮四拾張を進上る事。

という記事がみえている。

これまでの史家一般の見解では、出雲族の一派が大和地方に進出し、その住地で斎きまつった神社が鴨社で、そうした関係から故地の出雲に神領を設けたものであるとする。それは記紀が鴨社の神を大国主神の子としていることから、出雲から大和葛城への移住が考えられているのである。しかし、それは考え方が逆である。

葛城の鴨社の神領が賀茂の神戸として出雲国に設けられていたことから、『古事記』の編者が新しくつくられた大国主神と父子関係で結んだのである。そして賀茂神戸をもつ葛城の高鴨社の味鉏高彦根命が、大国主神の子という血縁関係で結ばれると、同じ鴨氏の斎く事代主命の鴨社も当然に同列にみられ、ここに大国主神の子として味鉏高彦根命・事代主命の二神の系譜ができたのである。

そのことで興味深いことは、味鉏高彦根命は賀茂神戸が出雲国にあった関係から、この神の説話が『出雲国風土記』のなかにもみられ、その神名を載せているのを探すと、意宇郡賀茂神戸をはじめとし、神門郡塩冶《やむや》郷・高岸《たかきし》郷、仁多郡三沢《みさわ》郷、楯縫郡神名樋山の五個所で認められる。それだけ出雲の人びとには、早くからなじみのある神

大和葛城の鴨都波神社

として知られていたことがわかる。そうしたことから大国主神との血縁関係も、あまり不自然でなく結び得たのであろう。

ところが、この味鉏高彦根命に関連して、大国主神の子とされた事代主命は、『出雲国風土記』のなかに一つもその名が記されていない。こうした矛盾が当時の事情を解明する鍵となるのである。だが、これはどうしたことによるのであろうか。

『古事記』では、高天原の使者から国譲りの談判をうけた大国主神は、「わたしはお答えできません。わが子の事代主神がお答えすべきですが、魚をとりに御大《みお》（美保）の岬に行って、まだ帰って来ていません」という。そこで天鳥船神が遣わされて、事代主神を呼び寄せてお問いになると、事代主神は父の大神に「恐れ多いことで、この国は天つ神の御子に奉りましょう」といって、自分は船から海に入って隠れた。『日本書紀』も同じ内容である。

この説話から、のちに美保関の美保神社に、もとからの祭神である御穂須須美命《みほすすみのみこと》に加えて事代主命もまつられた。しかし『出雲国風土記』は、その美保郷の条でも事代主命のことには一切言及していない。出雲神話の中での最大の山である国譲りの説話で、葦原中国を天孫に譲るという決断権をもっていたほどの立役者、事代主命の名が、『風土記』の中で一度として語られないということは、あって然るべきことではない。それがどうして出雲の人びとから冷遇され無視されたのであろうか。

少なくとも『出雲国風土記』のころまでは、美保神社の主神は御穂須須美命という女神であった。それが後に、記紀神話の影響をうけて、事代主命が合祀されたわけであるが、現在では第一殿が主神の事代主命、第二殿が御穂須須美命となって、実は主客が転倒してまつられている。しかし、記紀に載る事代主命をまつっていることによって、美保神社は旧国幣中社に列格することができた。そしてこの神社の二大神事、四月の青柴垣神事、十二月の諸手船《もろたぶね》神事もともに事代主命にちなむ祭儀としてつくられ、古く主神であった女神の名は、神社からも軽んじられ、人びとからも忘れられて行きつつあるのである。

しかし古くは、事代主命という名は出雲の人びとに知られていない神であった。ただ賀茂神戸が出雲国にあったことから、鴨氏が斎く味鉏高彦根命の名は人びとに親しまれていたが、事代主命は出雲の人びとは関係のない神であった。それを『古事記』の編者が、味鉏高彦根命を大国主神と父子の血縁で結んだことから、当然に同じ鴨氏のまつる事代主命も血縁の神とされ、この二神がともに国譲り説話の立役者として利用された。

『古事記』の編者がそのとき、どういう理由で事代主命の方を主なる役につけたかについては不明である。だが、出雲の人びとはかえって逆に味鉏高彦根命の方を高く買って欲しかったであろう。その現われの一つは神賀詞の文である。すなわち「己命《おのれのみこと》の御子、阿遅須伎高孫根《あぢすきたかひこね》命の御魂を葛木《かつらぎ》の鴨の神奈備に坐せ、事代主命の御魂を宇奈提《うなで》に坐せ」と述べているように、待遇の順位の仕方は逆になっている。

もし事代主命がもとから出雲国の神であったならば、大国主神から国譲りの決定権を委ねられるほどの大神の事績や説話が、『風土記』の端にでも残っていてよいはずである。それなのに、完全にその名前が載せられていない。しかも事代主命だけではない。国譲りの説話に活躍する神は、地元の大国主神を除いては、すべて他の地方の神である。すなわち、賀茂神戸の因縁から引き出された葛城の鴨の二社の神々、事代主命・味鉏高彦根命・下照姫命などであり、征服者としては、時の権力を持ちはじめた藤原氏が関係する常陸国の鹿嶋神宮にまつる建御雷神《たけみかづちのかみ》が派遣されるという仕組みである。このほかに信濃国の諏訪神社にまつる健御名方《たけみなかた》神が大国主神の子として登場しているが、政権の座にすわる氏族の神が征服者となり、出雲国の国譲りが物語られている。したがって、この国譲りの説話が、史実によらず、『古事記』編者の完全に空想的な創意によってつくられたものであることがわかるであろう。事代主命もそうした意味で、この説話のなかに利用された神なのである。

　これまでにもしばしば述べたように、『古事記』に載る出雲神話は、出雲国造を驚かせたものであった。出雲国造が代々まつってきた熊野大神の名は見えず、その代わりに須佐之男命や大国主神が出雲神話の中心をなしていたからである。しかし出雲国造は、それに反対するよりも皇室中心の新しい出雲神話にみずからを合わせて生きることの方が、身の安全であることを知った。そこで国造は『古事記』撰上の後四年、いち早く朝廷へ参向して、『古事記』の出雲神話に添って作った神賀詞を奏上し、さらに杵築《きづき》の地へ転居までして大国主神をまつる神社を創立した。そして、国造が大国主神の子孫であることを主張することによって、時の政治の時流に乗り得たのであった。

そのために、国造が杵築へ転居して杵築大社に奉仕するようになってからは、大国主神を喧伝することにつとめたものと思われる。『古事記』より二十一年後に編まれた『出雲国風土記』に、大穴持命（大国主神）の名が随所にあらわれているのも、そうした国造の宣伝によったものとみてよい。ことに国造が『出雲国風土記』の最高監修者であっただけに、故意に大国主神の名を記すことを強いた点もあったであろう。

出雲国造にとっては、保身の術から大国主神を承認し、またそれとの血縁関係を主張する必要から神名の宣伝もした。しかし、国造にとっては無関係であったその他の神々に対しては、好意をもつ必要はなかった。さきに考証した須佐之男命の出雲における冷遇も、そうした感情から起こったものであった。今ここで取り上げている事代主命に対しても、同じことがいえるわけである。記紀で大きく取り扱われた事代主命が、『出雲国風土記』にその名を示さないのも、当時は国造の好意がこの神にまで及んでいなかったからである。こうした事情からでも、事代主命がもと出雲の神でなかったことがわかるであろう。

しかし『古事記』の編者が賀茂神戸を仲介として、味鉏高彦根命と事代主命を大国主神の子とし、国譲りの説話で重要な役をもたせたことから、葛城の鴨氏と同じように、大和国でもっとも有力な古豪の一つ、三輪氏も、出雲族と血縁的関係をもたせた。『古事記』が三輪氏の斎く御諸山の大物主神と大国主神とが協力して国作りするという説話を載せたのも、そうした両者の関係が生じたためであった。しかし豪族の三輪氏が出雲族の系統だと明らさまに述べることは、当時の情勢では困難であったのであろう。そのため、記紀ともに大国主神と大物主神との関係を同神で結んでいない。ただ『日本書紀』一書だけが、二神の同神説を述べているのであるが、多分この史料は三輪氏から出たものであろう。

他方、出雲国造にとっては、大和国の名門である三輪氏と血縁的関係をもつことは、何よりも望ましいことであったはずである。出雲国造が神賀詞のなかで、大物主神を大国主神の和魂であるという表現をもって述べているのも、そうした出雲国造の心理をあらわしたものといってよかろう。しかし、反対に三輪氏にとっては、出雲族系であるということによって、誇りがもてるものでもないし、その必要もなかったはずである。

持統《じとう》朝の五年（六九一）に、大三輪氏以下十八氏にその祖の纂記《つぎぶみ》を上進せしめられたが、記紀の世に出る前のこのときに、三輪氏が出雲族系であるということを示す史料が伝わっており、また三輪氏もそれを承認していたならば、この纂記の上進のときにそのことに触れており、それは記紀に必ず記されたはずである。また誤って『古事記』がそれに触れることを忘れたのであったら、三輪氏は『日本書紀』編纂のときに奏上して訂正することができる立場にあった。それなのに、記紀ともに三輪氏と出雲族との関係については言及しなかったことから判断すると、当時、三輪氏は出雲族であることを承認していなかったし、また求める心もなかったことがわかる。

ところが、さきに示した『姓氏録』でみられるように、後には三輪氏がみずからの系譜を大国主神の子孫として認めるようになっているのである。これにはまた別の事情があった。

話は横にそれるが、地方の名族のなかで大国主神の裔と称すものに筑前の宗像《むなかた》氏がある。『姓氏録』によると、

宗形朝臣。大神《おおみわ》朝臣と同じき祖、吾田片隅《あたかたす》の後なり。(右京　神別・地祇)

宗形君。大国主命の六世の孫、吾田片隅命の後なり。(河内国　神別・地祇)

筑紫で安曇氏とならぶ名門の宗像氏が、その始祖を出雲の神に求めた理由は、記紀が宗像氏が斎きまつる三女神を須佐之男命の子としていることによる。すなわち、天照大神と須佐之男命の宇気比《うけひ》の段で三女神が出生するが、『古事記』には、

多紀理毘売命《たきりびめ》は胸形の奥津宮に坐す。次に市寸嶋比売命《いちきしまびめ》は胸形の中津宮に坐す。次に田寸津比売命《たぎつひめ》は胸形の辺津宮に坐す。この三柱の神は、胸形君等がもちいつく三前の大神なり。

と記されている。こうした関係からであろう、この多紀理毘売命を大国主神が娶って生んだ子が、さきに紹介した鴨氏のまつる味鉏高彦根命・下照比売命ともなった。このように記紀の系譜によって、宗像氏は出雲族や鴨氏と血縁的関係をもつものとされたのである。右に示した『姓氏録』の宗形朝臣が、大神朝臣と同じき祖という表現を用いて、大国主命の裔であることを述べたのも、こうした経緯があったからである。しかし、筑紫の古豪であった宗像氏が、出雲族の分派ではないはずである。『筑前国風土記逸文』によって、宗像氏の古い姿をうかがうことができる。

西海道の風土記にいわく、宗像大神、天より降りまして、埼門《さきと》山にいまししし時、青《あお》蕤《に》の玉をもちて、奥津宮の表《しるし》に置き、八《や》尺瓊《さかに》の紫の玉をもちて、中津宮の表《しるし》に置き、八咫《やた》の鏡をもちて、辺津宮の表《しるし》に置きて、この三つの表をもちて、神体の形《かた》となして、三つの宮に納め、すなわち納隠《かく》りたまいき。因りて、身形《みかた》の郡という。後の人改めて宗像といいき。その大海命《おおあまのみこと》の子孫は、今の宗像朝臣等が是なり。

右によって明らかなように、海部であった宗像氏は、みずからを大海命の裔であると記している。それなのに記紀の記事を幸いとして、後には大国主神の裔であると自称するようになったのである。

ところが面白いことに、当の出雲国造である出雲臣やその一族は、始祖を天穂日命としているが、大国主神とはしていないのである。出雲国造家の系譜でもそうである。それなのに、かえって他地方の豪族である三輪氏や宗像氏が、みずからの系譜を曲げてまで大国主神の裔であると称している。もし彼らが本当に出雲族の血をひく者であるならば、出雲臣と同じように天穂日命を始祖とすべきである。それをことさらに大国主神を始祖であるとしたところに、この間の秘密が存するわけである。

記紀は皇室に伝わる帝紀・旧辞のほか、各氏族の纂記などを参酌して編まれたが、ただそれらを合理的に整理編集することにあったのではない。天皇を中心とする中央集権の確立という大理念のもとに、皇室中心主義的な神話を編むことにあった。そのために、このときの神話創作者の智恵は、その理念に添って随所に発揮された。

中でも国譲りの説話は、日本神話のピークをなす天孫降臨説話の前提をなす重要な説話である。それだけに神話創作者のもっとも創意の必要とされた部分であったといえる。したがって、そこには出雲の神話を伝え記録しようなどという意図は、はじめから持たれていなかった。ただ高天原に対する根国として比定されている出雲国を、その神話の地域的背景として用いれば事足りたのである。そこに「出雲国の伊那佐（稲佐）之小浜」や、「御大之前《みおのさき》（美保の埼）」という地名が出ることになった。

しかし、舞台に登場する神々は、新しい神の名としてつくられた大国主神をはじめ、神話創作者は自由に選ぶことができた。そして賀茂神戸に関係する神をまず拾い上げてから後は、征服・被征服の神々を全国的スケールにおいて構成しようとしたのであった。

壬申《じんしん》の乱を終えて後、天武《てんむ》天皇は歴史編纂の事業に着手し、それは元明《げんめい》・元正《げんしょう》朝の記紀によって実現されたが、この事業は当初から天皇を中心とする国家主義の政治理念のもとに行なわれたものであった。もちろん、このころの天皇の実権は絶対なものであったが、とくに「神代巻」においては、その実権のよって起こった淵源《えんげん》の神聖性と尊厳性を布衍《ふえん》し、天皇のみが天つ神の子孫として、各氏族を統治すべきものであることを周知せしめることにあった。

こうした趣旨のもとに編纂されたものであるだけに、そこには政治的作為が随所に認められるのは当然のことであった。そして当時の各氏族も、彼らが進上した自分たちの纂記が、大きく政治的に歪められているのを見たはずである。しかし、天皇の権力を前にしては反論すべき術はなく、かえって国家的認定のもとに史実として決定づけられた記紀の記事に添って、みずからをいかに処するかが、その後の問題として与えられたのにすぎなかったのである。

諸国の『風土記』が天皇の事績を地名解釈のなかに引き入れたり、地方的に許される限り記紀の内容を取り入れていることでわかるように、遠く畿内から離れた地方でも、皇室との関係を少しでも持つ伝承に切り換えて、そこに新しい生き方を求めたのである。記紀はそういう意味で、地方の伝承まで皇室的色彩をもって塗ることになった。『風土記』の中で、天皇の名をもっとも載せていないことで特殊だといわれている『出雲国風土記』でさえ、左のごとく四個所にみられる。

意宇郡、安来郷。飛鳥浄御原宮御宇天皇（天武）
意宇郡、舎人郷。志貴嶋宮御宇天皇（欽明）
出雲郡、健部郷。纏向檜代宮御宇天皇（景行）

神門郡、日置郷。志紀嶋宮御宇天皇（欽明）数はこのように少なく、他国の『風土記』とは比ぶべくもない。しかし興味深いことには、政治的・文化的に進んだ郡にこの事実が認められることである。

こうした風潮は時代のくだるにつれて、ますます激しくなっていった。しかしここで注意すべきことがある。それは本来国つ神の系統に属して、皇室の血縁をうけない氏族の帰趨《きすう》についてである。彼らのなかでも幸いに記紀神話において、構成の都合上、高天原に属す天神として活躍したと記された多くの神もある。たとえば前述の鹿嶋の建御雷之男神のごときものである。しかもこの神は後に、権門藤原氏に奉斎されるようになって、天神としての地位を獲得した。『姓氏録』のなかで天神の項目に属す氏族が多いのは、各氏族とも高天原の神の子孫として、皇室との関係をもとうとしたためである。

それに引きかえて、天孫・地祇の分類に属している氏族の数はあまりにも少ない。たとえば阿多隼人《あたのはやと》などは当然に地祇であるべきであるが、天孫の瓊瓊杵尊《ににぎのみこと》が今の鹿児島県川辺郡の笠沙《かささ》の浜に降りて、その吾田隼人の娘、木花之佐久夜毘売《このはなのさくやびめ》を娶って、日子穂穂手見命《ひこほほでみ》や火照命《ほでり》（隼人等の祖）を生んだという記事によって、天孫とされた。

また出雲国造の出雲臣はもっと複雑である。これこそ地祇となるべきものであるが、祖神の天穂日命《あめのほひ》が国譲り説話では征討者の側に仕組まれた。それならば天神とされるかと思うと、そうではなくて一等さがって天孫の部類に属している。

こうした事情を知った上で、『姓氏録』で地祇に属すものを調べてみると、大別して四つに分類できる。すなわち大神《おおみわ》・賀茂・宗形の大国主神系統、安曇・海部の綿積《わたつみ》神系統、大倭国造の椎根津彦《しいねつひこ》系統、および吉野の国栖《くず》系統とである。純粋な国つ神の系統はわずかこれだけになっている。いかに各氏族が皇室や高天原の神々の血筋をひく者として、系譜を改作しようとしたかがわかるであろう。

この中で吉野の国栖は文化的に低くみられていたので別とし、東征の神武天皇を案内し、後には功によって大倭国造に任ぜられたという記紀の記録をもつ椎根津彦の系統が、地祇に属しているのは不思議である。多分彼らは記紀の伝承を誇りとして、あえて天神の血をひく系譜に改作しようとしなかったのであろう。あるいは祖先の名誉によって、このように数少ない地祇の中に組み入れられることはないものと考えていたのかもしれない。

これに対して、安曇氏と宗像氏が地祇に属したことは皮肉である。北九州の古豪であったこの二氏族の説話伝承は、日向神話の母体をつくったものである。ところが日向三代の神々は、皇室の祖先として位置づけられたために、安曇・宗像両氏の説話伝承は、その三代の神々の事績として語られる結果となった。そこで安曇・宗像両氏は神話の上で浮いてしまったわけである。ところが、南九州の隼人のように出自が低ければ、無理をしてでも天つ神の血筋をひく系譜に改作したであろうが、彼らの門閥の故に国つ神としての地位に甘んじたのであろう。そして安曇氏は祖神に綿積神を誇りをもって挙げたのであるが、宗像氏は何を思ったか、彼らと血縁的関係のない大国主神を祖神として届け出たのである。

宗像氏が斎きまつる三女神、多紀理毘売命《たきりびめのみこと》・市寸嶋比売《いちきしまひめ》命・田寸津比売《たぎつひめ》命は、天照大神と須佐之男命の宇気比《うけひ》において、須佐之男命の子として生まれた。そして、その中の多紀理毘売命を大国主神が娶って、味鉏高彦根命と下照比売命とを生んだことになっている。宗像氏は記紀のこうした伝承を利用して、大国主神の子孫であると自称するようになったのである。しかし厳密には、宗像氏が斎きまつる多紀理毘売命は大国主神の妻とされている。それをあえて大国主神の血筋をひくものであると称したのは、この国土のかつての統治者の一族であったことを告げようとしたためであろう。

三輪氏は前述もしたごとく、記紀には彼らの祖神大物主神が、出雲国の大国主神と同神であるとは記していない。ただ『日本書紀』一書のみがそれに触れているのであるが、賀茂氏が神話の上で出雲系となったことと合わせて、古い国土の統治者であったという誇りをもとうとし、あえて大物主神は大国主神と同神であると認め、しかも系譜に祖神の名として大国主神を挙げて明示しようとしたのであろう。

しかし三輪氏にしろ、宗像氏にしろ、また神話の上では血縁関係で結ばれている賀茂氏にせよ、いずれも出雲族と血縁的関係をもつものでないことは明らかである。だが、大和の地で古豪であった三輪一族が出雲系であるという考えは、その後誰ひとり疑うものがなく、このことも大国出雲の幻想を描かせる原因の一つとなっていたのである。

六　黄泉国の説話

出雲国は神話の裏方として根国・黄泉国《よみのくに》とされたが、黄泉国として選ばれる素因が出雲国にあった。その一つは、出雲郡宇賀郷《うかのさと》に黄泉の坂・黄泉の穴と伝える伝説をもっていたことであり、その二は、すでに第二部三節で述べたごとく、出雲国出自の土師連《はじのむらじ》の一族が葬儀をつかさどる職をもつようになったことからの連想であろう。

黄泉国の説話は『古事記』が大きく取り上げ、しかもそのなかで出雲の地名まで用いている。これに対して『日本書紀』は、本文では黄泉国の説話を取り扱わず、『日本書紀』一書のなかで述べているが、すでにここでは出雲との関係もなくなっている。したがって、この黄泉国説話の発想は『古事記』の編者によるものとみてよいようである。ここにも『古事記』の編者と出雲国との密接な関係の存したことがうかがわれる。

『古事記』の黄泉国の段をみると、火の神を生んだことが原因で伊邪那美命《いざなみのみこと》は亡くなられる。そこで出雲国と伯伎国《ははき》の堺にある比婆の山に葬った。そこで伊邪那伎命《いざなぎ》はその妻に会おうと思われて、女神のあとを追って黄泉国に行かれる。女神は堅くしまった御殿の戸をあけて出迎えられた。そのとき伊邪那伎命は女神に、「いとしいわが妻よ、いっしょに作った国はまだ作り終えていないので帰ってほしい」と相談される。すると女神は、「ほんとに惜しいことです、早くいらっしゃらなかったので。わたしはすでに黄泉国の竈《かまど》で煮た物を食べたので、もう帰れなくなりました。でも背の君がわざわざおいで下さったのですから、黄泉国の神と帰ってよいかどうか話し合ってみます。しかしその間は決してわたしを見てはいけません」と答えられて、御殿の中に引っこんで行かれたが、時間が長くかかり過ぎたので男神は待ち切れなくなった。そこで櫛に火をつけて御殿の中に入って見られると、女神の身体には蛆《うじ》がうようよしており、頭をはじめ胸や腹や手足に八つの雷がいた。

男神はそれを見ておそれをなして逃げ帰られるときに、妻の伊邪那美命は「わたしに恥をおかかせになりました」といって、黄泉国の醜い女を遣わして夫のあとを追わせる。そこで、男神は鬘《かずら》や櫛を投げながら逃げられる。さらに八つの雷に千五百の黄泉国の軍勢を添えて追わせになったので、男神は腰の剣を抜いて後手で振りながら逃げて来られ、ついに黄泉国の堺にある黄泉比良坂《よもつひらさか》の麓にある桃の実を三つ取って投げつけられると、みんな逃げ帰ってしまった。

最後に、妻の伊邪那美命が自分であとを追って来られた。そこで男神は大きな岩を引いてきて黄泉比良坂を塞いだ。そして岩を中にはさんで向かい合って、絶縁の誓いを立てられた。そのとき女神は、「いとしいわが背の君よ、あなたがわたしにそのようなことをなさるならば、わたしはあなたの国の人を、一日千人ずつ絞殺するでしょう」といわれる。そこで男神は、「いとしいわが妻よ、あなたがそうするならば、わたしは一日に千五百人ずつ生ませましょう」とおっしゃった。さて、いわゆる黄泉比良坂は、今の出雲国の伊賦夜坂《いふやざか》という坂である。

この黄泉国から帰られた伊邪那伎命は、身体についた穢れを禊祓《みそぎはら》うべく、筑紫の日向の橘の小門《おど》の阿波岐原《あはぎはら》に行かれる。その川瀬で禊祓われるときに、たくさんの神々が化生《けしょう》するが、最後に左の目を洗うときに天照大神、つぎに右の目を洗うときに月読命、つぎに鼻を洗われるときに化生するのが須佐之男命である。

出雲国である黄泉国の穢れを祓うために男神が日向国へおもむくという構成は、黄泉国と顕国《うつしくに》、出雲国と日向国、それは神話の裏方と表方とを示したものであった。したがってこの説話のなかには当時の葬送習俗や世界観が織りこまれているが、地理的には神話の表方としての日向と、裏方としての出雲との対立において述べられているものである。

ところが黄泉比良坂を、出雲国の伊賦夜坂に当てている。比良坂の「ひら」は全国方言にみられる傾斜地の意である。この伊賦夜坂は出雲の東部、意宇《おう》平野に入るかかり、いまの八東《やつか》郡東出雲町《ひがしいずもちょう》の揖屋《いや》のあたりである。ここには『延喜式』に載る伊布夜《いうや》社があり、伊邪那美命などをまつっている。しかし、このあたりに黄泉国についての伝説は何一つ伝わっていない。これは黄泉国とされた出雲国の入り口、当時は意宇川の下流域が政治的・文化的中心となっていたので、その意宇平野に入る道のこのあたりを、黄泉国に入る坂としたことによるものと思われる。

だが、ここが『古事記』で黄泉比良坂とされたことから、ここにある揖夜《いや》社の祭神に対して貞観《じょうがん》十三年には、近くの能義大神と同じに正五位下を授けられたことが『三《さん》代実録《だいじつろく》』にみえる。

こうした中央での創作に対して、出雲国で実際に「黄泉の坂・黄泉の穴」と伝えていた土地があった。それは出雲郡宇賀郷の北海岸、今の猪目《いのめ》の集落の西にある岩窟である。『出雲国風土記』の宇賀郷の条に左のごとく記されている。

すなわち北の海浜に礒《いそ》あり。名は脳礒《なずきのいそ》という。高さ一丈許。上に松生い芸《しげ》れり。礒に至れば、邑人の朝夕に往来《かよ》えるが如く、また木の枝は人の攀《よ》じ引けるが如し。礒より西の方に窟戸《いわと》あり。高さ広さ各六尺許なり。窟《いわや》の内に穴あり。人入ることを得ず。深さ浅さを知らず。夢に此の礒の窟の辺《ほとり》に至る者は必ず死ぬ。故《か》れ俗人《くにびと》、古より今に至るまで、黄泉之坂、黄泉之穴と号《なづ》くるなり。

この脳礒や黄泉之坂について、地元の加藤義成氏の『出雲国風土記参究』でみると、脳礒は猪目の湾の西側、浜から一〇〇メートルばかりのところにゲンザガ島と呼ばれている岩の出鼻があるのがそれで、脳髄を思わせるひだ状の凹凸のある岩塊がある。高さ三メートルばかり、今でもその上に十本ばかりの松が並んでいて、その松のさまが往来の人のようにみえる。窟戸はゲンザガ島の西にあって猪目洞窟と呼ばれ、輝緑凝灰岩の断崖に挟まった集塊岩層が、海食を受けてできた洞穴である。昭和十五年のころは崖崩れの土砂で、穴口は高さ一メートル、幅二メートルばかりの櫛形をなし、穴口から石を転がして入れると、共鳴しながら落ちる。昭和二十三年に漁港修築のとき、この穴口の土を採取したところ、縄文期から弥生時代・古墳時代におよぶ考古資料とともに、人骨十数体、副葬品多数が発掘された。この穴口から三三メートルの扇状斜面が、いわゆる黄泉の坂にあたるところだという。

ここはさきの四節で述べたように、須佐之男命が大国主神を追って行ったという黄泉比良坂にあたっている。この宇賀郷の黄泉の坂・黄泉の穴の伝説は、古くから出雲に伝わっていたものと思われる。というのは、『古事記』に影響されて語られたものであるならば、必ず伊邪那美命の名をこの伝説のなかに織りこむはずである。また、さきに述べた意宇郡の揖屋の地に、この伝説を記しただろうと思われるからである。

こうした出雲国に古くから伝わる伝説が、出雲国を黄泉国に比定するのに好都合であったであろう。しかし『古事記』は何も出雲国の黄泉の伝説をそのまま取り入れたのではない。ただヒントを得たのにすぎないのであって、『古事記』の黄泉の説話は他の地方に伝わる葬送習俗や世界観の伝説をもって構成したのである。

しかし、『古事記』が黄泉国を出雲国としたことから、亡くなられた伊邪那美命を、出雲国と伯伎国の堺にある比婆山に葬るという説話となった。この『古事記』のしるす埋葬地の比婆山をめぐって、いくつかの候補地が名のりをあげて争った。出雲の中では八束郡（意宇郡）岩坂村の神納山、能義郡（意宇郡）日波村の峯山、同郡比田村の御墓山、仁多郡灰火山、同郡比布山、さらに佐太神社や熊野神社まで御陵の所在地であると主張した。その他では鳥取県西伯郡賀野村、広島県比婆郡美古登山、同恵宗郡比和村比布山などの名も挙げられた。

これらの中で意宇郡岩坂村日吉の神納山は、江戸初期の承応《じょうおう》二年（一六五三）に雲州黒沢三右衛門の撰になる『懐橘談《かいきつだん》』に比婆山としてみえるのが初めで、明治に入って宮内省から伊邪那美命の御陵としての指定までうけた。しかし、高千穂峰が九州のどこの山でもよいように、比婆山も黄泉国とされた出雲の国境近い所であれば、どこでもさしつかえがないのである。

なお、伊邪那美命を葬ったところの地名を明示しているものに、もう一つ『日本書紀』一書がある。それには紀伊国の有馬村となっている。

一書にいわく、伊弉冉尊《いざなみのみこと》、火の神を生みたもう時に、灼《や》かれて神退去《かむさ》りましき。故《か》れ紀伊国の熊野の有馬村に葬《かく》しまつる。土俗《くにびと》、この神の魂を祭るに、花時にはまた花をもって祭り、また、鼓・吹《ふえ》・幡旗《はた》をもて歌い舞いて祭る。

現在の三重県熊野市有馬町に、海辺に近く俗に花窟《はなのいわや》という大きな岩壁が屹立し、その高さ約五〇メートル、岩の下の正面に壇をつくり、玉垣をめぐらしている。伊邪那美命の御陵として、今でも岩の上から垂らした縄に花を飾ってまつっている。これは出雲国の熊野と、紀伊国の熊野との混同がもたらした伝承の移行である。

このように、根国・黄泉国としての出雲国は、記紀では神話の裏方として利用されたのにすぎない。この黄泉の説話にしても、出雲に伝わっていた説話を取り上げたのではなく、黄泉国を想定するヒントを出雲に求めたのであって、説話の構想はどこまでも中央の神話創作者によってなされたものであった。

本書は、一九六六年に創元社から刊行された
『出雲神話の成立』を文庫化したものです。

鳥越憲三郎（とりごえ　けんざぶろう）

1914年，岡山県生まれ。関西学院大学卒業。文学博士。大阪教育大学名誉教授。専攻は文化人類学、古代史。著書に『琉球宗教史の研究』『神々と天皇の間』『伊勢神宮の原像』『女王卑弥呼の国』など多数。2007年没。

講談社学術文庫

定価はカバーに表示してあります。

出雲神話《いずもしんわ》の誕生《たんじょう》

鳥越憲三郎《とりごえけんざぶろう》

2006年10月10日　第１刷発行
2015年９月10日　第10刷発行

発行者　鈴木　哲
発行所　株式会社講談社
　　　　東京都文京区音羽 2-12-21 〒112-8001
　　　　電話　編集（03）5395-3512
　　　　　　　販売（03）5395-4415
　　　　　　　業務（03）5395-3615

装　幀　蟹江征治
印　刷　豊国印刷株式会社
製　本　株式会社国宝社
本文データ制作　講談社デジタル製作部

ISBN4-06-159783-3

「講談社学術文庫」の刊行に当たって

これは、学術をポケットに入れることをモットーとして生まれた文庫である。学術は少年の心を養い、成年の心を満たす。その学術がポケットにはいる形で、万人のものになることは、生涯教育をうたう現代の理想である。

こうした考え方は、学術を巨大な城のように見る世間の常識に反するかもしれない。また、一部の人たちからは、学術の権威をおとすものと非難されるかもしれない。しかし、それはいずれも学術の新しい在り方を解しないものといわざるをえない。

学術は、まず魔術への挑戦から始まった。やがて、いわゆる常識をつぎつぎに改めていった。学術の権威は、幾百年、幾千年にわたる、苦しい戦いの成果である。こうしてきずきあげられた城が、一見して近づきがたいものにうつるのは、そのためである。しかし、学術の権威を、その形の上だけで判断してはならない。その生成のあとをかえりみれば、その根は常に人々の生活の中にあった。学術が大きな力たりうるのはそのためであって、生活をはなれた学術は、どこにもない。

開かれた社会といわれる現代にとって、これはまったく自明である。生活と学術との間に、もし距離があるとすれば、何をおいてもこれを埋めねばならない。もしこの距離が形の上の迷信からきているとすれば、その迷信をうち破らねばならぬ。

学術文庫は、内外の迷信を打破し、学術のために新しい天地をひらく意図をもって生まれた。文庫という小さい形と、学術という壮大な城とが、完全に両立するためには、なおいくらかの時を必要とするであろう。しかし、学術をポケットにした社会が、人間の生活にとってより豊かな社会であることは、たしかである。そうした社会の実現のために、文庫の世界に新しいジャンルを加えることができれば幸いである。

一九七六年六月

野間省一